Uta Brückner / Heike Friauf

Hausaufgaben – kein Problem

Wie mein Kind es selber schafft

W0233565

Herder

Freiburg · Basel · Wien

Gedruckt auf umweltfreundlichem,
chlorfrei gebleichtem Papier

Originalausgabe

Alle Rechte vorbehalten – Printed in Germany
© Verlag Herder Freiburg im Breisgau 2000
Herstellung: Freiburger Graphische Betriebe 2000
Umschlaggestaltung: R·M·E, Roland Eschlbeck, Liana Tuchel
Fotos im Innenteil © Heidi Mayer Fotodesign, München
Umschlagbild © Kunterbunt, Isny
ISBN 3–451–04775–6

Inhalt

Liebe Eltern!

Vielleicht kennen Sie den alten Witz: „Geht es Ihnen gut oder haben Sie auch ein Kind auf der Schule?" –
Dieses Buch hilft Eltern, den täglichen Hausaufgaben-Problemen an den Kragen zu gehen. Tips und Anregungen helfen ab dem 1. Schuljahr. Wir alle möchten unsere Kinder zu Selbständigkeit anleiten und den ärgsten Leistungsdruck mindern.

Kaum ein Schulkind bewältigt die häusliche Schularbeit immer problemlos und gut. In vielen Familien kommt es sogar zu regelrechten „Kämpfen". Da kann sich ein Mädchen nicht überwinden, überhaupt anzufangen. Oder ein Junge fängt meist an zu weinen, wenn er nicht weiß, wie er weitermachen soll. Tränen trocknen, beruhigen, im Schulbuch nachlesen – **ohne Eltern geht oft gar nichts!**

Doch Kinder sollen – und können – ihre Aufgaben alleine bewältigen. Die typischen Schwierigkeiten, die jeden treffen können, und viele Lösungswege dazu haben wir in Teil I zusammengestellt.

Teil II bietet Ihnen zusätzliches Hintergrundwissen und viele weitere Tips: zum Lernen, zum Vorbereiten auf Tests und Klassenarbeiten, zur richtigen Ernährung, zur Konzentrationsfähigkeit unserer Schulkinder und – auch wichtig, doch oft vernachlässigt – zur Entspannung.

Es klappt einfach nicht beim Auswendiglernen? Nach zwanzig Minuten Pauken sind erst zehn neue Begriffe hängengeblieben? Ab Seite 100 finden Sie bewährte Tips, die das Auswendiglernen erleichtern und den Erfolg verbessern.

☞ Übrigens: Jeder Tip ist mit diesem Zeichen versehen.

Über den Sinn und Unsinn mancher Hausaufgaben könnte man ganze Bücher schreiben. Kein Wunder, daß viele Kinder mit großem Unbehagen an die Arbeit gehen. Und wie oft werden Hausaufgaben gar nicht gemacht! Je älter unsere Kinder werden, desto häufiger „lösen" sie die Aufgaben durch bloßes Abschreiben bei Mitschülern. Auch darauf müssen Eltern sich einstellen. Teil III handelt deshalb von den Sorgen vieler Schüler und spricht diejenigen Kinder und Jugendlichen direkt an, die am liebsten ganz aufs Aufgabenmachen „verzichten" würden.

Weniger Schulstreß, das tut nicht nur dem Schulkind gut, sondern der ganzen Familie! Die Zeit, die Sie sich jetzt nehmen, um das Problem Hausaufgaben in den Griff zu bekommen, die gewinnen Sie schließlich und endlich um ein Vielfaches zurück! Nämlich dann, wenn Ihr Kind selbständiger und ruhiger arbeiten kann als vorher.

Viel Erfolg bei der weiteren Schularbeit Ihres Kindes wünschen Ihnen die Autorinnen.

Teil I:
Die täglichen Probleme in den Griff bekommen

1. Keine Lust auf Hausaufgaben?

Woran liegt's?

Immer diese Quälerei, immer trösten, immer antreiben, das kann doch nicht der Normalfall sein!

Wir verstehen unsere Kinder ja nur zu gut. Schon wieder Rechenpäckchen. Und noch eine anstrengende Nacherzählung. Doch was kann man tun, um ihnen – und uns! – das Leben mit den ungeliebten Aufgaben zu erleichtern?

Kreisen Sie das Problem ein

Warum hat mein Sohn, meine Tochter keine Lust? Es kann im wesentlichen an vier Punkten liegen. Und für jede der vier Möglichkeiten gibt es Lösungswege. Aber schauen Sie sich erst einmal die infrage kommenden Lustkiller an.

1. Die Hausaufgaben selbst sind einfach langweilig

Dazu müssen wir Ihnen nicht viel erzählen. Sie kennen das nur zu gut, wahrscheinlich auch aus eigener Erinnerung an die Schule.

■ Hausaufgaben sind langweilig, wenn die Schüler dasselbe machen müssen, was sie schon oft im Unterricht gemacht haben.

■ Hausaufgaben sind uninteressant, wenn sie keinerlei Bezug zum Leben und zu den Interessen der Schüler haben.

■ Hausaufgaben sind langweilig, wenn sie ein Kind unterfordern.

Kinder wollen lernen, Neues erfahren, ihre Fähigkeiten erproben. Wie schade, wenn ein Lehrer wieder einmal zu einfallslos war und nicht auf diese Bedürfnisse eingegangen ist.

2. Beim Verhältnis zum Lehrer, zur Lehrerin hapert es

Was hat das mit der Lust an Hausaufgaben zu tun? Ein ganze Menge. Für einen Menschen, den man mag, tut man gerne etwas. Wenn die geliebte Lehrerin eine kleine Geschichte als Aufgabe aufgibt, dann schreibt meine Tochter nicht nur ganz eifrig, sie malt auch noch einen schönen Rahmen um ihren Text und verziert ihn mit kleinen Bildchen. Sie reißt sich auch bei den schwierigen Rechenpäckchen zusammen, denn sie will ihre liebe Frau Schüller nicht enttäuschen. Und sie weiß: Ihre Mühe wird honoriert. Die Lehrerin beachtet sie, sie nimmt sie oft genug dran, sie achtet regelmäßig auf die Hausaufgaben, und sie merkt auch, wenn es meiner Tochter einmal nicht so gut geht. Mit einem Wort: Die Schüler fühlen sich wohl bei ihr. Deshalb haben sie auch keine Angst, mal einen Fehler zu machen. Und sie trauen sich, nachzufragen, wenn sie etwas nicht verstanden haben.

Sie können sich vorstellen, wie es da bei einer unbeliebten Lehrerin zugehen muß. Ihre Hausaufgaben sind eigentlich immer langweilig, ganz egal, was sie aufgibt. Es will sich auch kein Schüler mit Nachfragen blamieren. Lieber zu Hause bei den Aufgaben herumdrucksen und hoffen, daß die Mama hilft. So kann die Arbeit keinen Spaß machen.

3. Die Aufgaben sind zu schwierig

Das sollte unseren Pädagogen heutzutage nicht passieren, und es passiert trotzdem. Zum Beispiel: Im Unterricht wurde zu oft gestört oder die Lehrerin hat sich zuviel für eine Unterrichtsstunde vorgenommen, nun ist sie mit dem Stoff nicht durchgekommen. Trotzdem gibt sie die geplanten Hausaufgaben auf. Dabei hat sie ihre Schüler noch gar nicht richtig darauf vorbereitet.

Oder: Die Lehrerin kann nicht gut erklären (kommt leider besonders in Mathe gar nicht so selten vor), der größte Teil der Klasse versteht Bahnhof, nur ein paar Überflieger kommen mit, doch alle sollen die gleichen Aufgaben bewältigen. Da muß Frust aufkommen. Und wir Eltern müssen es zu Hause mit unseren Kindern ausbaden.

4. Ihr Kind hat den Kopf nicht frei

Manchmal liegt es gar nicht an den Hausaufgaben selbst. Wenn Ihr Kind häufiger bis regelmäßig keine Lust auf Aufgaben hat, dann prüfen Sie:

■ Wird es von anderen Interessen gefangengenommen? Sport im Verein, ein bevorstehender Wettkampf vielleicht? Ein anderes Hobby? Computerspiele? (Manche machen ganz schön süchtig.) Eine unglückliche oder glückliche Liebe?

■ Hat Ihr Kind Sorgen? Das ist mit großer Wahrscheinlichkeit dann der Fall, wenn es auch auf andere Dinge keine Lust hat. Vielleicht wird es in seiner Schulklasse nicht anerkannt, an den Rand gedrängt, gehänselt. Oder es fühlt sich von der Lehrerin, von den Eltern oder von anderen häufig ungerecht behandelt oder gar mißachtet. Es leidet möglicherweise unter einer schwierigen familiären Situation. Oder oder. Kinder bekommen alles mit, was wir Erwachsene ihnen vorleben, aber sie können nicht mit allem allein fertigwerden. Wenn der Boden unter den Füßen wackelt, kann man nicht ruhig an den Hausaufgaben sitzen, das ist ganz klar.

■ Lehrer erzählen öfter, daß manche Schüler viel zu müde sind, um dem Unterricht richtig zu folgen. Schläft Ihr Kind eigentlich ausreichend? Das klingt ganz banal, doch im Alltag kommen manchmal nicht genügend Stunden für Schlaf und Erholung zusammen. Die tollsten Lerntips müssen aber wirkungslos verpuffen, wenn keine Power da ist. Wann kommt Ihr Kind abends ins Bett? Wie lange dauert das Fernsehprogramm? Und wie aufregend sind die Filme, die es sieht, wie lange können sie also noch vom erholsamen Schlaf abhalten?

■ Oder bahnt sich vielleicht eine Krankheit an und erschwert die Konzentration auf die Aufgaben?

Wie Eltern ihr Kind motivieren können

1. Bei langweiligen Hausaufgaben
Nicht nervös werden! Vorwürfe nach dem Muster „Jetzt reiß dich doch mal zusammen!" nützen wenig und helfen auf Dauer gar nicht. Auch nicht besonders hilfreich: „Meinst du, mir macht meine Arbeit immer Spaß?"

☞ Nehmen Sie langweilige Aufgaben als das, was sie sind: l-a-n-g-w-e-i-l-i-g. Drücken Sie Ihrem Kind ruhig Ihr Mitgefühl aus. Eine gesunde Skepsis gegenüber der Schule kann hier helfen. Glücklicherweise kennen wir eine ganze Reihe von engagierten und an ihren Schülern interessierten Pädagogen, doch gibt es eben auch die Langeweiler, die seit Jahr und Tag stur ihren Stoff durchziehen, egal wie er bei den Schülern ankommt. Daß nach einem langweiligen Unterricht auch die Aufgaben langweilig sind, ist kein Wunder. Am besten unterstützen Sie Ihr Kind, indem Sie über diese Tatsachen sprechen.

☞ Weisen Sie (insbesondere ältere Schüler) auf die Nachteile durch häufig nicht oder schlecht gemachte Hausaufgaben hin: schlechte Noten und vielleicht Verständnisprobleme in der nächsten – langweiligen – Unterrichtsstunde und damit noch schlechtere Noten. Die Noten aber trägt der Schüler mit sich herum, nicht der Lehrer, der hoffentlich bald, im folgenden Schuljahr, durch einen besseren

Pädagogen ersetzt wird. Hat man erst einmal die schlechten Noten, muß jeder neue Lehrer erst mühevoll davon überzeugt werden, daß dieser Schüler nicht mittelmäßig, sondern in Wirklichkeit besser ist, als die schlechten Noten vom langweiligen Vorgänger behaupten.

☞ Stellen Sie, sofern es Ihre Zeit erlaubt, ein Lieblingsgetränk und Lieblingskekse bereit, die nach überstandenen Aufgaben zu einer kleinen wohlverdienten Pause einladen. Schüler sich selbst bedienen zu lassen, kann bedeuten, daß diese so lange zwischen Keksregal und Schulheft hin und her pendeln, bis der Tag ohne erledigte Hausaufgaben vorbeigegangen ist.

☞ Besprechen Sie, womit Ihr Kind sich nach überstandenen Hausaufgaben selbst belohnen kann. Es muß nicht immer Fernsehen sein. Auch Verabredungen mit Freunden oder Aktivitäten in einem Club können helfen, die Arbeit schneller hinter sich zu bringen.

Wichtig: Kinder wissen selbst ganz gut, wann sie etwas leisten und wann nicht. Wenn immer die Eltern dahinterstehen und mit einem Bonbon für jedes erledigte Rechenpäckchen winken, wird es nur abhängig von diesen Geschenken, also von der Einschätzung anderer, und es lernt nicht, seine Aufgaben selbständig zu bewältigen.

2. Bei Schwierigkeiten mit dem Lehrer, der Lehrerin
Diese persönlichen Schwierigkeiten sollten Sie unbedingt ernstnehmen.

☞ Lassen Sie sich möglichst genau erklären, wo das Problem liegt. Manche Mißverständnisse können beim nächsten Elternsprechtag ausgeräumt werden. Wenn Ihr Kind mit seinen Aussagen zögerlich ist (vielleicht ist ihm etwas peinlich), lassen Sie ihm Zeit. Fragen Sie, wie andere Schüler mit diesem Lehrer, dieser Lehrerin klarkommen. Vergleichen Sie die Aussagen anderer Eltern. Zeigen Sie Ihrem Kind, daß Sie es verstehen wollen.

☞ Lachen ist – gerade in ausweglosen Situationen – oft die beste Medizin. Und ausweglos ist die Lage, denn Ihr Kind kann sich seinen Lehrer ja nicht aussuchen. Dann darf es wenigsten mit Ihnen herumblödeln und den Lehrer ein bißchen durch den Kakao ziehen. Voraussetzung ist allerdings eine gewisse Pfiffigkeit, damit sich Ihr Kind nicht in der Schule mit unpassenden Bemerkungen in die Nesseln setzt. Denn der betroffene Lehrer darf auf keinen Fall etwas vom mangelnden Respekt merken.

☞ Falls die Schwierigkeiten nicht zum Lachen sind: Kein Schüler muß sich schikanieren lassen („Du gehörst hier sowieso nicht her!"), kein Schüler muß sich vor anderen bloßstellen lassen („Mal sehen, ob der Meyer heute wieder nichts kapiert hat ..."), kein Lehrer darf ständig über die Köpfe seiner Schüler hinweg regieren („Wenn Ihr nichts versteht, hört gefälligst besser zu!"). Suchen Sie das Gespräch mit Klassenlehrer, Vertrauenslehrer, Elternvertreter, Schulpsychologen, notfalls der Schulleitung, falls sich auf anderem Wege nichts klären läßt.

Eine hartnäckige Grippe, eine geschwätzige Nachbarin, das liebe Geld, alles wird man schneller los als einen hochproblematischen Lehrer. Lehrer sind in der Regel Beamte und vom Beamtenrecht vor beruflichen Wechseln geschützt; sie können (wenn sie sich nicht gerade eines schlimmen Verbrechens schuldig machen) höchstens versetzt werden. Und selbst das geschieht, auch bei berechtigter Kritik, fast nie.

Besprechen Sie Ihre Sorgen mit anderen Eltern, und bringen Sie sie in der Gruppe und gegenüber der Schule vor. Auch Schulleitungen, die Elternbeschwerden im ersten Moment abblocken, wollen in Ruhe weiterarbeiten. Wir kennen mehrere Fälle, bei denen Lehrer nur in bestimmten Klassen eingesetzt werden, damit kein Schüler zu lange diesen problematischen „Pädagogen" ausgesetzt ist.

Mit Ihrem Engagement signalisieren Sie Ihrem Kind: Ich nehme dich ernst. Damit geben Sie bereits eine große Hilfestellung.

3. Bei zu schwierigen Hausaufgaben

Hier wird's kniffelig. Sind die Aufgaben zu schwierig, weil sie im Unterricht falsch gestellt wurden? Oder weil Ihr Kind die Anforderungen nicht bewältigen kann, es ihm also an Kenntnissen und Fähigkeiten fehlt?

☞ Klagt Ihr Kind öfter über zu schwierige Aufgaben in einem Fach, fragen Sie unbedingt andere Eltern: „Geht es Ihren Kindern genauso?" Ein Lehrer, der alle seine Schüler oder einen großen Teil seiner Schüler überfordert, ist kontraproduktiv und sollte von der Elternvertretung auf dieses Dilemma aufmerksam gemacht werden. Ein ruhiges Gespräch kann Wunder wirken, denn manchmal wissen die Lehrer gar nicht, wo das Problem bei ihrem Unterricht liegt.

☞ Überwinden Sie Ihre Zurückhaltung und melden Sie Kritik an, wo sie angemessen ist. Gerade wenn es um die eigenen Kinder geht, sind wir Eltern seltsam zurückhaltend mit kritischen Äußerungen. Keiner gibt gerne zu, daß sein Sprößling Schwierigkeiten in der Schule hat. Doch so ändert sich nie etwas! Wir müssen aufhören, unsere Kinder für unsere Selbstdarstellung zu nutzen. Andere Eltern werden Ihnen dankbar sein, wenn Sie sich mit Ihren Sorgen und Fragen öffnen. Man staunt manchmal, was alles ausgesprochen wird und wie gut es tut, wenn erst mal eine Atmosphäre des Vertrauens geschaffen ist.

☞ Ein Kind, das seine Schwierigkeiten zugibt, muß nicht zu hören bekommen: „Du bist aber dumm!" Schlimm genug, daß es sich selbst so fühlt. Trösten Sie, wo Sie können. Zwar wollen Sie Ihr Kind nicht zu einem „Weichling" erziehen, aber ihm über einen Tiefpunkt hinweghelfen. Da muß im Einzelfall auch mal Verwöhnen erlaubt sein.

☞ Ermuntern Sie zum Durchhalten. Halb oder mit Fehlern gemachte Hausaufgaben sind besser als Aufgaben, die gar nicht in Angriff genommen wurden. Bestrafen Sie Ihr Kind deshalb nie für fehlerhaft gemachte Aufgaben, egal was der Lehrer danebenschreibt. Loben Sie es statt dessen, wenn es sich bemüht. Nur aus Fehlern wird man klug.

☞ Liegt die Unlust nicht an den Aufgaben selbst, sondern an Problemen Ihres Kindes? Schauen Sie genau hin, testen Sie eventuell verschiedene Möglichkeiten.
▧ „Ich versteh die Hausaufgaben einfach nicht!" Lesen Sie bitte auf Seite 24 weiter.
▧ Will Ihr Kind erreichen, daß Sie bei den Aufgaben bei ihm bleiben und ein bißchen „Händchen halten"? Mehr dazu ab Seite 55.
▧ Gibt Ihr Kind bei Problemen schnell, vielleicht zu schnell auf? Siehe dazu Seite 69.
▧ Fehlt Ihrem Kind einfach der richtige Anfang? Hilfen dazu ab Seite 87.

4. Wenn Ihr Kind keine Energie für die Hausaufgaben hat

Heute Musikkurs, morgen der Besuch bei der Oma, übermorgen Rückengymnastik, manche Kinder haben einen Terminkalender, der einem Manager zur Ehre gereichen würde. So schön es ist, wenn Kinder ihre verschiedenen Interessen und Fähigkeiten ausleben können: Es kann auch des Guten zuviel sein.

☞ Entrümpeln Sie den „Terminkalender". Was macht Ihre Tochter, Ihr Sohn in der Freizeit am liebsten? Mit Freunden zusammen sein? Gut. Dann muß der Töpferkurs vielleicht nicht sein. Geht Ihr Kind oft zum Fußballspielen raus? Prima (auch die Waschmaschine freut sich über so viel Beschäftigung). Dann ist der Squash-Termin vielleicht überflüssig. Sitzt Ihr Kind oft vor dem Computer? Dann könnte die Schach-AG der falsche Ausgleich sein.

☞ Ein Zuviel an Interessen kann es nur geben, wenn für die Schule zu wenig Energie übrigbleibt. Notfalls verhandeln Sie. Wenn die Noten in Deutsch wieder besser werden, kann Ihr Sohn auch wieder zur Schach-AG. Wenn die Deutsch-Lehrerin nicht mehr ständig unangenehme Kommentare ins Hausaufgabenheft schreibt, kann Ihre Tochter den Schwimmkurs weiter besuchen. So wird das Interesse für einen geliebten Sport vielleicht zum Motor für etwas mehr Engagement in der Schule.

☞ Ist Ihr Kind deprimiert, hat es keine rechte Lebensfreude? Wenn andere Probleme an seinem Herzen nagen, dann kann es Mathe- und andere Aufgaben sicher nicht gebrauchen geschweige denn mit Energie erledigen. Hacken Sie nicht auf den Schulproblemen herum, wenn wichtige persönliche Schwierigkeiten vorliegen, denn das wäre sinnlos. Ihr Kind würde nur noch unglücklicher. Die Hausaufgaben müssen auch mal beiseite geschoben werden; ein echtes Gespräch oder ein Kinobesuch mit anschließendem Essengehen machen hoffentlich den Kopf frei und lassen wieder Lebensenergie aufkommen. Zuwendung ist jetzt sicher am wichtigsten.

☞ Sie könnten bei anhaltenden Schulproblemen das Gespräch mit dem Klassenlehrer, der Fachlehrerin suchen. Auch wenn es Sie etwas Überwindung kosten sollte: Ein Lehrer, der weiß, daß ein Schüler gerade in einer schwierigen familiären Situation steckt (durch Trennung, Krankheit oder Unfall), kann besser auf ihn eingehen und ist sicher für diesen kleinen Hinweis dankbar.

☞ Sorgen Sie unbedingt dafür, daß Ihr Kind genügend Schlaf und Erholung bekommt. Wie soll mir der Satz des Pythagoras einfallen, wenn mir ständig die Augen zufallen?

2. „Ich versteh' die Hausaufgaben nicht!"

Das Problem einkreisen

„Hast du denn keine Hausaufgaben auf?"
„Doch."
„Und warum machst du sie nicht?"
„Weil ich nicht weiß, **wie** ich das machen soll."

Mmh. Etwas ratlos blickt die Mutter ihr Kind an. Es ist nicht das erste Mal, daß Max fragend vor den Hausaufgaben sitzt und nicht weiß, was von ihm verlangt wird. Eine unangenehme Situation, der man auf den Grund gehen muß.

Wird Max von seinem neuen Banknachbarn gestört?
Seit drei Wochen gibt es eine neue Sitzordnung in Max' Klasse. Der Englisch- und der Deutschlehrer versprechen sich von dieser Neuordnung mehr Ruhe und Aufmerksamkeit. Die Störenfriede wurden auseinandergesetzt, einer von ihnen landete neben Max. Anfangs war Max darüber nicht gerade erbaut, aber nach ein paar Tagen fand er seinen neuen Nachbarn sehr lustig. „Der macht immer so viele Witze", erzählt er grinsend zu Hause. Max' Mutter hat ein ungutes Gefühl. Sie nimmt sich vor, ihrem Sohn auf den Zahn zu fühlen.

Es könnte natürlich auch sein, daß der Tischnachbar ganz unschuldig ist, daß Max aus ganz anderen Gründen den Lernstoff nicht mitbekommt.

Kann sich Max im Unterricht nicht konzentrieren?
Er wäre nicht der erste, auf den das zutrifft. Unkonzentriertheit und Unaufmerksamkeit vieler Schüler – eine große Zahl von Lehrern empfindet das als Problem Nummer eins. Es ist gar nicht mal so, daß die Schüler während des Unterrichts dauernd schwätzen (das gibt es natürlich auch zur Genüge), sondern daß viele Schüler unfähig sind, sich länger als ein paar Minuten auf eine Thematik zu konzentrieren. So als wäre da ein innerer Zwang, sich dauernd mit etwas anderem beschäftigen zu müssen. Zu Hause ist dann die Ratlosigkeit groß, wenn Max sich nicht erinnern kann, was im Unterricht zu diesem oder jenem Thema gesagt worden ist. Wie aber soll Max seine Hausaufgaben erledigen, wenn er im Unterricht nur wenige Dinge mitbekommen hat?

Achtet der Lehrer nicht darauf, daß die Hausaufgaben exakt aufgeschrieben werden?
Man soll als Eltern nicht immer die Schuld nur bei den Kindern suchen. Vielleicht ist ja auch der Lehrer schuld!? So achten viele Lehrer nicht darauf, ob sich die Schüler auch aufschreiben, wie die Hausaufgabenstellung lautet. So manches Kind denkt vielleicht „Ach, das merk ich mir." Aber nach zwei weiteren Schulstunden ist die Hausaufgabenstellung dann doch in Vergessenheit geraten.

Oder die Schüler schreiben sich die Hausaufgabe nur unvollständig auf, manchmal auch sinnlos oder unverständlich. In manchen Hausaufgabenheftchen finden sich Notizen wie: „Deutsch: darüber schreiben", „Englisch: Wiederholen", „Gesch: Reformen lernen", „Erdk.: S. 17", „Reli: Stammbaum zeichnen". Natürlich kann das ausreichend sein, wenn sich der Schüler zu Hause dann sofort daran erinnert, was mit „Erdk.: S. 17" gemeint ist. Je ausführlicher alles aufgeschrieben wird, desto weniger muß zu Hause gegrübelt werden.

Die Hausaufgaben sind schwierig formuliert.

Oftmals scheitern Kinder an ganz einfach anmutenden Formulierungen. So saß Robert eines Nachmittags grübelnd am Schreibtisch, weil er mit der Formulierung „Welche Rolle spielt der Lord in der Erzählung ‚Der fliehende Reiter'?" im Moment nichts anfangen konnte. Schauspieler spielen doch eine Rolle, oder? Robert weiß, daß man diese Phrase auch noch in anderem Zusammenhang benutzt, aber im Moment ist er blockiert. Er kommt nicht drauf.

Auch Emma erging es so: In ihrem Heft stand die Aufgabe: „Nenne fünf Handlungsweisen, aus denen deutlich hervorgeht, daß der Lord in Taylors Erzählung ein anderes, eigennütziges Interesse verfolgt als der König." Ups. Emma glaubt das Wort „Handlungsweise" noch nie gehört zu haben und ist unsicher. Auch den Rest versteht sie nicht, und das, obwohl keine Fremdwörter darin vorkommen. Die Aufgabe ist schwierig formuliert, und manche Kinder finden auf diese Weise keinen Zugang zum Lernstoff, sie sind verunsichert und haben immer das Gefühl, daß hinter der Thematik etwas steckt, was ihnen verborgen geblieben ist.

Lösungswege finden

Sollten Sie denn überhaupt helfen? Ist es richtig, wenn Eltern nachmittags zu Hilfslehrern werden? Oft klärt sich die Frage von selbst, nämlich dann, wenn weder Vater noch Mutter die Aufgaben verstehen. Nicht selten aber weiß die eine oder andere Mutter, worum es bei den Aufgaben geht. Und warum sollte sie dann nicht helfen, wenn ihr Kind sie darum bittet? Solange das ab und zu mal vorkommt, ist sicher wenig dagegen einzuwenden. Wenn aber

Ihre Tochter mit schöner Regelmäßigkeit Sie braucht, um überhaupt erst dahinter zu kommen, worum es bei den Hausaufgaben geht, sollten Sie Ursachenforschung betreiben.

Wenn Sie sich entschlossen haben, Ihrem Sohn oder Ihrer Tochter zu helfen, dann sollte das in einer Weise geschehen, die Ihrem Kind hilft, sich selbst zu helfen.

☞ Belasten Sie Ihr Kind nicht mit Vorwürfen!

Ihre erste Reaktion kann darüber entscheiden, ob die Hausaufgaben noch zu einem guten Ende gebracht werden oder ob die Bereitschaft Ihres Kindes, sich mit den Hausaufgaben auseinanderzusetzen, auf Null sinkt.

Also bloß nicht mit Vorwürfen oder mit Ungeduld kommen. „Wieso weißt du denn nicht, was du machen sollst? Hast du nicht aufgepaßt? Hättest du nicht gleich deine Lehrerin fragen können? Wie willst du denn jetzt dahinter kommen?" Rumms, damit hätten Sie die Tür zugeschlagen, die Ihr Kind zumindest einen Spalt offen hatte.

Im Moment ist es ja gar nicht so wichtig, warum das Kind den Hausaufgaben hilflos und ratlos gegenübersitzt. Worauf es ankommt, ist, mit detektivischem Spürsinn herauszufinden, was der Lehrer oder die Lehrerin am nächsten Tag im Heft stehen sehen will. Bieten Sie sich als Assistent an, der Sherlock Holmes bei der Lösung des Falls behilflich sein will!

☞ Helfen Sie Ihrem Kind, allein zurechtzukommen!

Lassen Sie Ihr Kind die Aufgabenstellung genau lesen. Oft scheitern Hausaufgaben daran, daß die Aufgabenstellung schwer zu verstehen ist oder daß ein Kind sich nicht in Ruhe klarmacht, was eigentlich verlangt wird. Werden Sie jetzt nicht ungeduldig. Ihr Kind soll möglichst alleine dahinterkommen. Falls es die Aufgabenstellung auch nach einigem Nachdenken nicht versteht, machen Sie Vorschläge. Ihr Kind muß sich aber selbst entscheiden. **Schließlich können Sie ihm, sitzt es am nächsten Morgen wieder in der Klasse, auch nicht helfen.**

„Unterstreiche in dem Text auf S. 25 im Übungsbuch alle Adjektive grün, alle Adverbien rot und alle Pronomen blau." Max weiß zwar, was „grün, rot und blau unterstreichen" bedeutet, nicht aber, was mit „Adjektiv", „Adverb" und „Pronomen" gemeint ist.

Würde Watson jetzt sagen: „Na also, das ist doch ganz einfach: Hier ist ein Adjektiv und hier und hier, und dort, das ist ganz klar ein Adverb ...", dann wäre die Pointe weg. Kein brillierender Sherlock Holmes, der den Fall zu seiner eigenen vollsten Zufriedenheit gelöst hätte.

Wenn Eltern grübeln ...

Wenn Eltern, vor allem Mütter, sich darüber unterhalten, wie ihre Kinder mit den Hausaufgaben im allgemeinen fertigwerden, dann zeigen immer diejenigen unverhohlenen Stolz und Zufriedenheit, deren Kinder tagein, tagaus selbständig und ohne nennenswerte Probleme die Hausaufgaben erledigen. Stöhnen und Klagen auf der anderen Seite. Mütter und Väter empfinden den Zustand, nachmittags mit den Kindern über den Hausaufgaben sitzen zu müssen, als unangemessen, zeitraubend und nervtötend. Sie diskutieren darüber, wie man diesen Zustand beenden kann. Sie haben Sorge, daß sie etwas falsch machen.

Kein Vater, keine Mutter denkt dabei an Situationen, in denen das Schulkind über wirklich zu schweren Aufgaben brütet. Selbstverständlich würde man dann helfen, sofern man die Aufgabe selbst versteht. Nein, es geht

um das tägliche Sich-Aufraffen, um die Überwindung
der Bequemlichkeit, um die Mühe des Selbst-Nachden-
kens, um die fehlende Bereitschaft des Kindes, die Ver-
antwortung für die Hausaufgaben selbst zu tragen.

Manchmal nehmen Eltern sich vor, ab sofort die Hausaufgaben und die unmotivierte Lümmelei am Schreibtisch einfach zu ignorieren. Es bringt ja sowieso nichts.
Sohn und Tochter sollen nun selbst zusehen, wie sie fertig werden. Sie sollen begreifen, daß die Hausaufgaben
ihre Pflicht und nicht die der Mutter sind. Einfach stur
stellen, vielleicht klappt's ja dann.

Allein, beim Vorsatz bleibt es meist. Zum Glück. Denn
das Kind mit dem Bade auszuschütten, ist nicht gerade
die bewährteste Methode. Die meisten Eltern merken
sehr schnell, daß durch ihre Ignoranz die Situation eher
verschärft wird. Auch das alleingelassene Kind wird sich
stur stellen. Eine verzweifelte Sturheit. Denn eines
müssen sich die Eltern immer vor Augen halten: Nicht
nur sie leiden unter der Situation, auch für die Kinder ist
dieser Zustand oft eine Qual, selbst wenn sie nach
außen ganz lässig tun. Halten Sie sich vor Augen, daß
auch Ihr Kind glücklich wäre, wenn es mit dem Problem
Hausaufgaben sehr gut und selbständig fertig würde. In
diesem Sinne müssen Sie gemeinsam daran arbeiten,
das Kind und sich selbst aus dieser belastenden Situation zu befreien.

☞ **Stellen Sie die richtigen Fragen!**

Nehmen Sie eine andere Haltung ein. Vielleicht sind Sie
zu dominant. Das muß Ihnen nicht bewußt sein, und vielleicht glauben Sie sogar, daß Sie Ihrem Kind sehr viele
Rechte einräumen. Mag sein. Aber Dominanz wirkt auch
unterschwellig. Die Laune der Mutter oder des Vaters, die

Ansprüche, die Erwartungen können sehr schwer auf einem Kind lasten und dazu führen, daß es blockiert ist und nichts zustande bringt. Schlüpfen Sie in die Rolle eines Assistenten, der dem Chef ganz klar die größere Sachkompetenz zutraut.

Ein guter Assistent fragt, und seine Fragen sollten in die richtige Richtung weisen: „Steht in deinem Heft etwas über Adjektive? Wo könnte man da mal nachschlagen?" Vielleicht fehlen dem Kind nur ein paar kleine Informationen, ein paar Erklärungen, und schon ist es in der Lage, die Aufgaben selbständig zu lösen.

Manchmal muß etwas weiter ausgeholt werden, wenn es sich herausstellt, daß dem Schüler der Überblick fehlt. Hier sind der Elternhilfe Grenzen gesetzt, denn woher sollen Mutter oder Vater jederzeit wissen, in welche größere Unterrichtseinheit der momentane Lernstoff eingebettet ist? Auch in diesem Fall kann es nur darum gehen, durch geschicktes Fragen das Kind zum Nachdenken zu bringen. Ihr Sohn muß spüren, daß Sie keine festen Vorstellungen zu einer bestimmten Aufgabe im Kopf haben, sondern daß Sie darauf gespannt sind, zu was für einer Lösung *er* kommt. Vielleicht zögert er im Anfang, weil er es nicht gewohnt ist, eigene Lösungswege zu entwickeln. Vielleicht kommen auch ganz abenteuerliche Geschichten heraus. Kritisieren Sie ihn nicht, wenn Sie das Gefühl haben, er arbeitet ernsthaft an den Aufgaben. *Learning by doing.* Aktivität und Selbstvertrauen sind die besten Begleiter einer langen Schulzeit.

☞ **Motivieren Sie Ihr Kind, mit dem Lehrer zu sprechen.**
„Wer, wie, was, wieso, weshalb, warum – wer nicht fragt, bleibt dumm!" Warum eigentlich nicht den Lehrer fragen, wenn etwas unklar ist? Spricht etwas dagegen? Nein, im Gegenteil! Lehrer sind in der Regel sehr froh, wenn Schüler

fragen, weil sie dann merken, daß der Stoff im Kopf arbeitet. Statt daß sich also die ganze Familie zu Hause regelmäßig den Kopf darüber zerbricht, ob die Hausaufgabe eher so oder so gemacht werden soll, muß das Schulkind lernen, auf seine Lehrer zuzugehen, um Unklarheiten aus der Welt zu schaffen.

Sollte Ihr Kind eher schüchtern sein oder Angst davor haben, sich mit Fragen vor der Klasse zu „blamieren": Ermuntern Sie es, nach der Schulstunde zum Lehrer zu gehen.

☞ **Sprechen Sie mit anderen Eltern.**
Ein Erfahrungsaustausch mit anderen Eltern über das Thema Hausaufgaben ist meistens entlastend. Denn einerseits tut es gut, von anderen Müttern zu hören, daß auch bei ihnen die Hausaufgaben nicht ganz so problemlos bewältigt werden, wie man es gern hätte. Andererseits können Sie aus den Gesprächen mit anderen Eltern deutlicher erkennen, wo Ihre ganz individuellen Schwächen und Stärken liegen. Vieles, was uns vertraut ist, nehmen wir als Selbstverständlichkeit. So war die Mutter eines 13jährigen Mädchens doch sehr erstaunt, als sie an einem Elternabend hörte, wie viele Eltern beklagten, daß ihre Kinder praktisch nie ein Buch in die Hand nähmen. Sie dachte an ihre eigene Tochter, der sie Abend für Abend die Bücher regelrecht aus der Hand nehmen mußte, weil das Mädchen sonst wahrscheinlich die halbe Nacht weiterlesen würde. An diesem Abend nahm sie sich vor, einmal anders mit ihrer Tochter zu sprechen und auch zu erwähnen, wie schön sie das Bücherlesen findet. Nur dürfte es eben abends nicht zu spät werden.

Sollten Sie den Eindruck haben, daß Ihr Sohn in Englisch oder in Mathematik nur deswegen immer so ratlos über den Hausaufgaben sitzt, weil der Lehrer nicht gut erklären kann: Dann ist es auf jeden Fall besser, wenn Sie sich bei den anderen Eltern einmal umhören, um in Erfahrung zu bringen, wie das Verständnis bei deren Kindern ist. Selbstverständlich könnte man dieses Thema auch zu einem Diskussionspunkt am nächsten Elternabend machen. Elternbeiräte nehmen Anregungen oft sehr gern entgegen. Wenn sich der Eindruck erhärtet, daß viele Schüler einen Lehrer nicht gut verstehen, dann bekommt die Beschwerde ein größeres Gewicht.

☞ **Eigentlich selbstverständlich: mit dem Lehrer sprechen.** Wenn etliche Kinder in einer Klasse deswegen irritiert über den Hausaufgaben sitzen, weil der Lehrer oder die Lehrerin die Aufgaben nicht deutlich genug formuliert, dann sollte spätestens am Elternabend beschlossen werden, den Elternbeirat zu beauftragen, diesen Punkt mit dem betreffenden Fachlehrer zu besprechen. Das ist eine Kleinigkeit und fordert dem Lehrer nicht viel ab. Wahrscheinlich hat er einfach nicht darüber nachgedacht, daß seine knappen Erläuterungen, zum Beispiel im ausbrechenden Tohuwabohu nach dem Klingeln, auf taube Ohren stoßen. Am zuverlässigsten und unmißverständlichsten ist es immer noch, wenn der Lehrer die Hausaufgabe an die Tafel schreibt. Kleine Ursache, große Wirkung.

Hat Ihr Kind einen Banknachbarn erwischt, der die Schule in erster Linie als vergnüglichen Tummelplatz heiterer Späße betrachtet, dann müssen Sie darauf aufpassen, daß Ihr Kind nicht den Anschluß an den Unterricht verliert. Das kann schneller gehen, als man es sich vorstellt. Wer oft nicht aufpaßt, verliert schnell den Boden unter den Füßen. Deswegen muß gewährleistet sein, daß dem Willen und der Bereitschaft, im Unterricht aufzupassen, nicht ein störender Banknachbar in die Quere kommt. Vielleicht ist es Kindern unangenehm, den Lehrer um einen anderen

Sitzplatz zu bitten. Eine Mutter oder ein Vater kann dieses Problem leichter aus der Welt schaffen.

Last but not least
Trotz Ihrer Unterstützung gibt Ihr Kind oft auf, bevor es überhaupt angefangen hat? Die Schwierigkeiten mit den Hausaufgaben entstehen auch nicht durch eine ungünstige Schulsituation? Vielleicht hat Ihr Kind ganz allgemein etwas zu wenig Selbst-Vertrauen, um Dinge selbst anzupacken. Im 7. Kapitel (S. 69 – S. 77) gehen wir ausführlicher auf dieses Problem ein.

3. Dauern bei Ihnen die Hausaufgaben auch zu lang?

Um es gleich vorweg zu sagen: Dieses Kapitel ist eines der *längeren* in unserem Buch. Wir hoffen sehr, es ist nicht zu lang. Doch das Thema „Dauer der Hausaufgaben" brennt vielen Eltern unter den Nägeln. Ein Großteil der Belastung entsteht durch die lange Zeit, die unsere Kinder am Schreibtisch sitzen. Zum Glück läßt sich eine Menge gegen dieses Übel tun, angefangen bei der richtigen Zeitplanung bis hin zum konsequenten Auftreten in der Schule, falls wirklich zu viele Hausaufgaben aufgegeben werden.

Die richtige Zeitplanung

Die beste Zeitplanung ist natürlich die, die Ihnen, Ihrem Schulkind und der gesamten Familie am besten bekommt. Doch wie ist das – ohne Kompromisse – möglich? Am Dienstag ist gleich nach dem Mittagessen Flötenkurs. Da bleiben die Aufgaben leider bis abends liegen. Freitags haben wir immer richtige Kämpfe, weil mein Sohn überhaupt nicht einsehen will, daß er jetzt schon Aufgaben machen soll, die er erst drei Tage später braucht!

Wir wiederholen jetzt einmal, was im Grunde jeder weiß: Regelmäßigkeit hilft, ganz besonders bei unangenehmen Arbeiten. Wenn ich mir nicht erst langwierig überlegen muß, *wann* ich die lästige Aufgabe erledige, sondern wenn die Zeit schon feststeht, dann ist der erste Schritt bereits getan.

Wundervoll, wenn ein Kind sich direkt nach der Schule an den Schreibtisch setzt, um die Aufgaben schnell hinter sich zu bringen! Halten Sie es nicht davon ab. Zwar ist es vernünftig, nach mehreren Schulstunden eine Arbeitspause einzulegen. Doch wenn Ihr Kind noch Energie hat: Warum diese nicht nutzen? Außerdem haben manche Kinder Sorge, daß sie sich nicht mehr richtig an den Stoff erinnern, wenn die Pause zwischen Schule und Heimarbeit zu groß ist.

Wir meinen: Wenn Ihr Kind im allgemeinen keine Schwierigkeiten mit den Aufgaben hat, sollte es seine Arbeitszeit soweit wie möglich selbst bestimmen dürfen.

Auch verständlich: wenn unser Schulkind die Tasche in die Ecke wirft und erst mal etwas zu essen und seine Ruhe haben will. Doch wie lang kann, soll, darf so eine Erholungspause dauern? Nicht zu kurz, damit unser Kopfarbeiter richtig „abschalten" kann. Nicht zu lang, damit die Aufgaben dann nicht den ganzen Abend verderben. Eine bestimmte Zeit nach dem schlimmsten „Mittagstief", so zwischen drei und vier Uhr, wäre ideal.

Diese Regeln können im Alltag helfen:

☞ **Die Hausaufgaben müssen nicht jeden Tag zur gleichen Zeit erledigt werden.**
Da sich der Wochenrhythmus aber normalerweise wiederholt, sollten sie an bestimmten Wochentagen zur gleichen Zeit gemacht werden. So müssen Sie die Arbeitszeiten nicht immer neu diskutieren. Und Ihr Kind weiß, worauf es sich einstellen muß. Das verschafft Sicherheit.

☞ **Beachten Sie die persönliche Zeitkurve.**
Zu bestimmten Zeiten eines Tages ist Ihr Kind besonders
fit, zu anderen Zeiten will es sich nur entspannen.

▨ „Voller Bauch studiert nicht gern" – das gilt auch für
Kinder. Also nach einem größeren Mittagessen immer eine
Pause einlegen. Eine leichte Mahlzeit statt schwerer Kost
hilft, das Mittagstief zu verkürzen.

▨ Nach einem langen Schultag tut eine Pause gut. Am besten: Je länger der Schultag, desto länger die Pause.

▨ Vermeiden Sie die Abendstunden für die Hausaufgaben.
Sonst hat Ihr Kind seine Aufgaben den ganzen Tag noch
vor sich, das belastet. Und abends regt man sich leichter
über verpatzte Matheaufgaben auf als am Tage. Das beein-
trächtigt die Nachtruhe.

▨ Unnötig zu erwähnen, daß auch der Vormittag vor
Schulbeginn nicht geeignet ist. Die Hektik und die Sorge
(„Schaffe ich es noch, bevor ich aus dem Haus muß?!") be-
lasten den Schultag unnötig.

☞ **Während der Arbeit Pausen nicht vergessen!**

Zur richtigen Zeitplanung gehören auch Pausen. Das wird leicht vergessen. Wenn ich keine Pause mache, bin ich schneller fertig, könnte man denken. Doch das kommt ganz auf die Arbeit an und auf die Gesamtdauer. Hat Ihr Sohn bereits eine halbe Stunde an den Mathe-Aufgaben geknabbert, ist eine Unterbrechung vielleicht sinnvoll, damit er anschließend die Englisch-Vokabeln besser behält. Auch wer wie mancher ältere Schüler an einem Nachmittag zwei bis drei Stunden am Tisch sitzt, sollte zwischendurch abschalten und das Gehirn „durchlüften".

Grundsätzlich gilt: Je kleiner das Kind ist, desto kürzer sollten die Arbeitsphasen sein. Der kleine Sven, der von seiner Mutter immer wieder überredet wurde, sitzenzubleiben und „durchzuhalten", verlor mit der Zeit den Spaß an den Aufgaben. Eltern überschätzen leicht die Fähigkeit ihrer Kinder, sich auf fremdbestimmte Aufgaben zu konzentrieren. Bedenken Sie: Im Alter von 6 bis 7 Jahren kann man Kindern im Durchschnitt bis zu 15 Minuten Konzentrationsfähigkeit zutrauen, bis 10 Jahren bis zu 30 Minuten, darüber hinaus 40 und mehr Minuten. Die Arbeit an den Aufgaben dauert aber oft länger.

Die kleinen Erfrischungspausen kann man sinnvoll gestalten. Schließlich soll Ihr Kind anschließend nicht schlaff im Sessel hängen, sondern mit neuer Energie an den Rest der Aufgaben gehen. Lesen Sie dazu im 8. Kapitel „Die Kunst der richtigen Pause" ab Seite 78 weiter.

Wie lang dürfen Hausaufgaben dauern?

In den ersten vier Schuljahren kann man in *Deutschland* von 30 bis (langsam gesteigert) 60 Minuten pro Tag für die Hausaufgaben ausgehen. In der *Schweiz* gelten als Richtschnur:
für das 1. bis 3. Schuljahr: höchstens 20 Minuten pro Tag oder 1 $^1/_2$ Stunden pro Woche,
für das 4. bis 6. Schuljahr: höchstens 40 Minuten pro Tag oder 3 Stunden pro Woche,
für das 7. bis 9. Schuljahr: höchstens 60 Minuten pro Tag oder 4–5 Stunden pro Woche.

Etwas komplizierter wird es bei den weiterführenden Schulen, da unterschiedliche Regelungen gelten. Schulverordnungen sind ein Kapitel für sich. Allein in Deutschland herrscht durch die Kulturhoheit der Bundesländer eine muntere Vielfalt: Was in dem einen Land genau geregelt ist, wird in dem anderen Land den einzelnen Schulen zur Entscheidung überlassen. Zudem gibt es keine einheitlichen Veröffentlichungen, sondern die entsprechenden Angaben werden mal in Amtsblättern, mal in Schulordnungen oder anderen Papieren gemacht.
Hier nennen wir Ihnen als Beispiele die Regelungen aus zwei deutschen Bundesländern zur „für die gesamte häusliche Vorbereitung benötigten Arbeitszeit". In den anderen Bundesländern gelten ganz ähnliche Vorgaben.

Hessen
5.–6. Klasse:	max. 1 $^1/_2$ Stunden pro Tag
7.–10. Klasse:	max. 2 Stunden pro Tag
in den Klassen 1–9:	keine Aufgaben von Samstag auf Montag

Niedersachsen
5.–6. Klasse: in der Regel nicht mehr als 1 Stunde
                        pro Tag
weitere Klassen: kontinuierliche Steigerung vertretbar

„Mein Kind braucht immer so lange ..."

Benötigt Ihr Kind auffallend lange für seine Hausaufgaben? Braucht es deutlich länger, als es in den auf der vorherigen Seite genannten Empfehlungen vorgesehen ist?

Dies sind mögliche Ursachen:

■ Ihr Kind bekommt zu viele Aufgaben auf. Dazu mehr ab Seite 44.

■ Die Aufgaben sind zu schwierig, die Kinder können sie wirklich kaum bewältigen. Verständigen Sie sich mit anderen Eltern, um Ihren Verdacht zu erhärten. Haben mehrere Eltern den gleichen Eindruck, sollten Sie das Gespräch mit der Elternvertreterin suchen, die sich dann mit dem betreffenden Lehrer in Verbindung setzen muß. Lehrer wissen auch nicht immer genau, wo ihre Schüler der Schuh drückt.

■ Ihr Kind hat eine Lese-Rechtschreib-Schwäche (LRS). Es kann dann einfach nicht schneller arbeiten. Vor allem aber: Es braucht zusätzliche Unterstützung. Bitten Sie die Grundschullehrerin um Rat. Lese-rechtschreib-schwache Schüler verdienen eine besondere Förderung.

■ Sie selbst stellen besonders hohe Anforderungen. Jeder i-Punkt soll sitzen, keine Zahl darf geschmiert sein; Sie erwarten einen Perfektionismus, den kein Schulkind bieten kann. Und auch gar nicht soll. Bitte reduzieren Sie Ihre Erwartungen. Lassen Sie Ihr Kind vielleicht eine Weile, mehrere Tage oder Wochen, ganz in Ruhe. Vielleicht wird es dann leichteren Herzens und vor allem schneller fertig.

▨ Ihr Kind bummelt vor sich hin. Tips dazu im nächsten Abschnitt „Zeitdiebe entlarven" ab Seite 41.

▨ Ihr Kind kann sich nicht konzentrieren. Hilfen zur besseren Konzentration im Kapitel „Schulkinder müssen fit sein" ab Seite 118.

▨ Ihr Kind hat eigentlich gar keinen Grund, sich zu beeilen, denn nach den Aufgaben wartet nichts Besonderes, nicht Angenehmes, vielleicht sogar etwas Unangenehmes wie der ungeliebte Flötenkurs. Es hat schon manches Kind zum schnelleren Arbeiten motiviert, wenn es anschließend einer schönen – selbstgewählten – Beschäftigung nachgehen konnte.

„Zeitdiebe" entlarven

Die Dichterin und Denkerin in ihrer Klause: Ungestört kann sie ihrem Tagewerk nachgehen, denken, notieren, korrigieren, Blatt um Blatt mit ihren Ergebnissen füllen. – So ist es für unsere Schulkinder nie! Neben den offensichtlichen Unterbrechungen (die Schulfreundin ruft an und will etwas wissen, der kleine Bruder will, bitte, bitte, unbedingt jetzt die Buntstifte haben) treten eine ganze Reihe von Störungen auf, die wir gar nicht als solche wahrnehmen. Sie können unserem Hausaufgaben-Denker aber ganz schön viel kostbare Arbeitszeit wegnehmen. Deshalb ist es wichtig, diese „Zeitdiebe" zu entlarven.

☞ Erklären Sie Ihrem Kind, daß Sie ihm dabei helfen wollen, die Hausaufgaben schnell zu erledigen, möglichst noch schneller als bisher. Geben Sie ihm dann die folgende

Liste zum ehrlichen Ankreuzen. Am besten wäre, Sie könnten die Liste kopieren. Ihr Kind kann aber auch, vielleicht mit Bleistift, direkt in dieses Buch schreiben.

Wichtig ist auch, daß Ihr Kind jede einzelne Frage gut versteht. Vielleicht helfen Sie ihm, indem Sie einzelne Punkte mit Ihren eigenen Worten formulieren. (Für Schulanfänger sind die Fragen sicher noch etwas schwierig zu verstehen; allein können Kinder ab etwa 10 Jahren den Fragebogen beantworten.)

Wenn Ihr Kind mehr als dreimal „Ja" ankreuzt, wird es Zeit, sich ernsthafte Gedanken zu machen. Alle genannten Zeitdiebe lassen sich fassen. Machen Sie das sich und Ihrem Kind klar. Bitte unbedingt ohne Vorwürfe, denn *nobody's perfect*.

☞ Überlegen Sie *gemeinsam*, wie Sie die zeitfressenden Kerle verjagen können. Häufiges Aufstehen, um Arbeitsmaterial oder Essen zu holen, kann man sicher am leichtesten in den Griff kriegen. Gleich zu Beginn der Arbeit alles an den Platz stellen.

Auch Kinder müssen das Neinsagen lernen, ob am Telefon („ich ruf dich später zurück") oder gegenüber den Geschwistern („jetzt nicht!"), oder?

Schwieriger ist es für die Träumer. Zeigen Sie Ihrem Kind, wie man es sich *nach* den Hausaufgaben an einem bequemeren Platz besonders gemütlich machen kann.

☞ Und vergessen Sie nicht, daß Ihr Kind mit der gesparten Zeit etwas Schönes machen kann. Was könnte das wohl sein? Geben Sie ihm doch einen Zettel, auf dem Ihre Tochter/Ihr Sohn notiert, was sie/er immer schon mal machen wollte, wozu nur im täglichen Trubel bisher die Zeit nicht gereicht hat.

	Ja	Nein

1. Wenn du an den Hausaufgaben sitzt: Lenken dich dann die Menschen ab, die in der Wohnung sind? ☐ ☐

2. Mußt du oft suchen, bis du alles fürs Aufgabenmachen findest (Bücher, Stifte, Papier usw.)? ☐ ☐

3. Stört es dich bei den Hausaufgaben, wenn jemand in der Wohnung telefoniert? ☐ ☐

4. Machst du oft viel Kleinkram zuerst (Stifte spitzen, neue Hefte suchen, mit Sachen auf dem Schreibtisch spielen oder ähnliches), bevor du mit den eigentlichen Hausaufgaben beginnst? ☐ ☐

5. Stehst du oft zwischendurch auf und holst dir etwas zu essen oder zu trinken? ☐ ☐

6. Wenn du mal etwas nicht verstanden hast: Traust du dich oft nicht, das deiner Mutter/deinem Vater oder am nächsten Tag deiner Lehrerin/deinem Lehrer zu sagen? Und bleibst du dann ganz lange alleine sitzen, auch wenn du nicht weißt, was du eigentlich machen sollst? ☐ ☐

7. Läßt du dich von mir (deinem Vater, deiner Mutter) stören? Komme ich zum Beispiel öfters mit einer Bitte (wie zum Beispiel: den Müll rauszubringen oder den Hamster zu füttern), und du unterbrichst dann deine Arbeit? ☐ ☐

8. Träumst du bei den Aufgaben gerne vor dich hin und denkst dann lange an etwas ganz anderes? ☐ ☐

9. Fehlen dir oft gute Ideen, was du eigentlich mit dem Rest des Tages machen könntest? ☐ ☐

43

Wenn immer wieder zu viele Hausaufgaben aufgegeben werden

☞ Haben Sie den Eindruck, es werden in einem Fach oder in mehreren Fächern wiederholt zu viele und zu lange Aufgaben aufgegeben? Informieren Sie sich zuallererst über die Situation an Ihrer Schule. Wie lange dürfen Hausaufgaben dauern? Bitten Sie das Schulsekretariat, den Klassenlehrer oder die Stufenleiterin um entsprechende Unterlagen, falls Sie sich nicht direkt an die Schulleitung wenden wollen. Die Schulleitung hat normalerweise alle notwendigen Verordnungen und sollte sie Ihnen zur Verfügung stellen können. Sie müssen ja nicht gleich behaupten, daß Sie einen Streit mit der Schule beginnen wollen. Vielleicht benötigen Sie die Angaben ja zur besseren Hausaufgabenbetreuung Ihres Kindes.

Unsere persönliche Einschätzung: Grundschüler sollten nicht – außer in besonderen Ausnahmefällen – länger als eine Stunde an ihren Aufgaben sitzen, ältere Kinder nicht länger als zwei Stunden. Haben Sie den Eindruck, Ihr Kind arbeitet gut, bleibt also konzentriert bei der Sache und kommt auch ganz gut zurecht, und es muß trotzdem auffällig lange an den Aufgaben sitzen bleiben, dann schreiten Sie ruhigen Gewissens ein.

☞ Erhärtet sich Ihr Verdacht, dann suchen Sie das Gespräch mit der Klassenlehrerin und bitten Sie um Hilfe. Führen Sie genau an, wie viele Stunden Ihr Sohn, Ihre Tochter täglich und wöchentlich an den Aufgaben sitzt. Am besten notieren Sie über einen Zeitraum von einem Monat die Zeiten, damit Sie etwas Schriftliches in der Hand haben. Vage Aussagen wie „Ich habe das deutliche Gefühl, es ist einfach zu viel" können von Lehrern leicht wegdiskutiert werden.

☞ Wirklich wirkungsvoll ist eine solche Diskussion allerdings nur, wenn sich mehrere Eltern, am besten die Elternschaft einer ganzen Klasse, zusammentun. Wenn Sie dann noch am Elternabend oder bei einer eigens einberufenen Versammlung mit den gesammelten Zeitplänen verschiedener Schüler wedeln, haben Sie eine gute Ausgangsbasis.

Oftmals mangelt es an Koordination zwischen den einzelnen Fachlehrern. Der eine weiß nicht, was und wieviel der andere aufgibt. Da kommen an manchen Tagen ganz schöne Arbeitslasten auf die Schüler zu. Solche Koordinationsprobleme lassen sich gut aufdecken, und alle betroffenen Lehrer können an einer Verbesserung der Situation mitarbeiten, ohne daß einer sein Gesicht verliert.

Können Sie dann noch die Klassenlehrerin für Ihr Problem gewinnen, dann sind Sie einen tüchtigen Schritt dabei weitergekommen, Ihrem Kind die Hausaufgaben-Situation zu erleichtern. Denn Klassenlehrer setzen sich gern für ihre Klasse ein.

Bei vielen Fragen, zum Beispiel zum ausgewählten Lernstoff, können sich Eltern in der Schule nur schlecht einmischen. Beim zeitlichen Aufwand für Hausaufgaben haben Sie dagegen gute Karten!

4. Wo die Gedanken frei sind

Fester oder flexibler Arbeitsplatz?

Ich wünsche mir: einen eigenen großen Schreibtisch, aus hellem Holz, mit riesigen Schubladen, in denen ganz viel Platz zum Verstauen ist, eine schöne Lampe, einen ganz bequemen Arbeitsstuhl, und ich will links neben dem Fenster sitzen, weil ich dann auf meinen kleinen Garten im Hof gucken kann.
Maria, 9 Jahre

Wenn ich Aufgaben mache, dann sitze ich ganz gern so in der Hocke auf dem Sofa im Wohnzimmer. Da bekomme ich mit, was in der Wohnung los ist, bin nicht so allein. Am allerliebsten würde ich aber auf meinem Baum sitzen. Meine Mutter hat Angst, daß ich runterfalle. Aber das ist Quatsch. Der Baum ist einfach geil. Da kann ich super nachdenken und habe den totalen Überblick.
Stefanie, 10 Jahre

Viele verschiedene Wünsche ranken sich um den Arbeitsplatz eines Schulkindes. Wenn Sie Ihrem Kind einen eigenen Arbeitsplatz im eigenen Zimmer ermöglichen können, ist das prima. Doch auch am Küchentisch läßt sich erfolgreich für die Schule arbeiten.

☞ Das Prinzip Regelmäßigkeit

Wichtig ist, besonders für jüngere Kinder, große Regelmäßigkeit. Wenn Ihr Sohn oder Ihre Tochter gewöhnt ist, die Schreibübungen am Küchentisch zu machen, dann dürfen Sie den Tisch nicht sperren, falls Sie ihn einmal für eigene Arbeiten brauchen. Sie sehen, wir plädieren für einen festen Arbeitsplatz.

Genauso wie für die möglichst festen Arbeitszeiten (die wir im 3. Kapitel behandeln) gilt: Ausnahmen sind natürlich erlaubt, sollten aber Ausnahmen bleiben.

☞ Das Prinzip Geborgenheit

Größere Kinder machen es sich schon mal auf dem Teppich bequem oder kritzeln die Lösungen ins Heft, während sie im Schneidersitz auf dem Sofa hocken. Spätestens wenn Ihr Sohn oder Ihre Tochter in der Pubertät ist, wird es mit den Regeln – und der Regelmäßigkeit – wirklich schwierig.

Zwar wissen wir, daß wir uns bei gerade aufgerichteter Wirbelsäule, wenn das Blut gut zirkulieren kann, am besten konzentrieren können. Doch jetzt gilt: Geborgenheit geht vor äußerlicher „Ordnung". Der Schneidersitz oder die Sofaecke vermittelt vielleicht genau die Sicherheit, die das heranwachsende Kind braucht. In dieser über Jahre andauernden Phase des Umbruchs, der Neuorientierungen, der Unsicherheit dürfen Sie froh sein, wenn Ihr Jugendlicher überhaupt an der Schule „dran bleibt", also regelmäßig hingeht, immer wieder Hausaufgaben macht und sich auch ein wenig für die eigenen Noten interessiert. Ob der Schreibtisch ungenutzt herumsteht, ist dabei, so meinen wir, weniger wichtig.

(Tips zum Thema „Ordnung" finden Sie im 6. Kapitel ab Seite 63.)

Die richtige Musik hilft bei der Arbeit

„Mach endlich das Radio aus! Wie kannst du nur bei dem Gequake lernen?!"

Radio und Fernseher sind genau die Geräuschquellen, die erfolgreiche Schularbeit verhindern können. Das liegt aber nicht am Hintergrundgeräusch an sich, sondern an der Hektik und Unregelmäßigkeit der Programme. Drei Minuten Musik, zwei Minuten Kommentar, wieder ein Musikhappen, abgelöst von Werbung und so weiter. Daher: Radio und Fernseher bleiben aus!

Entspannende Musik jedoch, das ist durch Tests belegt, kann die Leistungen beim Lernen steigern. Wir verstehen leichter und können uns Dinge besser merken. Möchte Ihr Kind bei den Hausaufgaben seine derzeitige Lieblings-CD auflegen, dann tut es damit wahrscheinlich genau das Richtige:

■ Es sorgt für Wohlbefinden (ganz wichtig für das Lösen kniffliger Aufgaben, für das man Selbstvertrauen braucht), und

■ es schaltet störende Außengeräusche weg (sie werden von der eigenen Musik ausgeblendet, was beim Konzentrieren hilft).

☞ **Helfen Sie bei der Musikauswahl.**

Statt entsetzt zu rufen: „Die Musik bleibt aus!" sollten Eltern helfen, die *richtige* Musik zu wählen. Hier gilt, wie auch bei den anschließenden Tips zum Arbeitsplatz, daß der Geschmack des Kindes entscheidet. Bieten Sie Ihrem Kind konzentrations- und entspannungsfördernde Stücke an, aber überreden Sie es nicht. Erzwungener Musikgeschmack ist kein Musikgeschmack. Und mit geliebter Musik fühlt sich Ihr Kind einfach wohler.

Achten Sie aber darauf, daß die Rhythmen nicht zu

„heiß" sind, sondern verhandeln Sie mit Ihrem Kind darüber, daß es „hausaufgabengeeignete" und daher eher ruhigere Stücke auflegt, sonst darf es wirklich erst nach getaner Arbeit Musik hören.

☞ **Bei mangelnder Leistung lieber auf Musik verzichten.**
Kinder, die Schwierigkeiten beim Auswendiglernen von Vokabeln, Städten, Ländern, Flüssen oder anderen Dingen haben, sollten währenddessen lieber auf Hintergrundberieselung verzichten. Sonst besteht die Gefahr, daß die Begriffe zu oberflächlich gelernt werden. Hinterher, beispielsweise beim Lösen der Rechenpäckchen, darf der Kassettenrekorder dann wieder laufen.

Manche Kinder neigen so sehr zum Träumen, daß sie sich selbst von der ruhigsten Musik ablenken lassen. Auch hier müssen Sie als Eltern die Musikmenge dosieren.

Bestehen Sie gegenüber Ihrem Kind darauf, daß Sie die Ergebnisse kontrollieren durch Abfragen oder Heftkontrolle. Sind die Hausaufgaben im wesentlichen ordentlich erledigt, spricht nichts gegen Musik. Andernfalls muß beim Arbeiten die Musik ausbleiben.

Wie der Arbeitsplatz zu Hause zum Erfolg in der Schule beitragen kann

Aus Erfahrung wissen wir, daß wir uns an manchen Plätzen sofort wohlfühlen, an anderen dagegen überhaupt nicht, egal wie hübsch sie dekoriert sein mögen. Dort befällt uns Unruhe, hier lassen wir uns gern und entspannt nieder, auch wenn wir vielleicht gar nicht wissen, warum das so ist. Unbewußt registrieren wir viel mehr, als wir uns normalerweise bewußt machen. Dieses Phänomen ist oft untersucht worden und kann uns bei der Gestaltung von hilfreichen Arbeitsplätzen für unsere Schulkinder und auch für uns selbst unterstützen.

☞ Der Arbeitsplatz muß Ihrem Kind gefallen.
Der schönste antike Schreibtisch nützt nichts, wenn Ihr Sohn sich daran nicht wohlfühlt; der schickste Computer ist sinnlos, wenn Ihre Tochter ihn nicht auf dem Tisch haben mag. Versuchen Sie deshalb auch hier einen Kompromiß zwischen Ihren und den Vorstellungen Ihres Kindes zu finden. Im Zweifelsfall soll Ihr Kind entscheiden. Schließlich sind es so viele Stunden seines Lebens, die es hier absitzen muß ...

☞ Der Arbeitsplatz sollte nicht zu überladen sein.
Besonders die Schreibfläche muß freibleiben. Ein *paar* persönliche Dinge können angenehme Gesellschaft leisten.

☞ Ausreichendes Tageslicht ist wichtig.
Falls es nicht ausreicht, muß eine gute künstliche Beleuchtung her. Keine 40-Watt-Funzeln bitte! Lampen mit kräftigen kleinen Halogenbirnchen sind schön hell, verbreiten aber meist ein surrendes Grundgeräusch, das – bewußt oder unbewußt – zu Anspannungen führen kann. Machen Sie eine Hörprobe, bevor Sie Ihr Kind einer neuen Lampe aussetzen.

☞ Wo steht der Arbeitstisch?
Wie gut Ihr Kind lernt, hängt nicht zuletzt von der *Stellung des Arbeitstisches im Raum* ab. Oft bestimmen die architektonischen Gegebenheiten die Aufstellung der Möbel. Doch probieren Sie ruhig ein wenig herum. Tische lassen sich wegklappen, ein Schrank kann auch mal als Raumteiler dienen. Sie sollten alles versuchen, was den Lernerfolg Ihres Kindes unterstützt.

☞ **Die Sitzposition sollte nicht auf die Zimmertür oder das Fenster gerichtet sein.**
Sonst ist Ablenkung vorprogrammiert und Ihr Kind fragt sich vielleicht immer wieder: „Wer läuft denn da jetzt über den Flur?" Oder: „Kommt der Olli jetzt herein oder nicht?"

Der Tisch sollte möglichst nicht direkt vor dem Fenster stehen. Vielleicht ist Ihnen die asiatische Wohnlehre des Feng shui bekannt, die vor einem Arbeitsplatz am Fenster warnt.

Feng shui ist eine alte chinesische Wissenschaft, die sich mit den Kräften der Natur und mit ihren Auswirkungen auf den Menschen beschäftigt. Feng-shui-Meister werden um Rat gebeten, wenn ein Haus gebaut oder eine Wohnung eingerichtet wird. Sie untersuchen dann die unsichtbaren Kräfte im Wohnumfeld, die auf den Menschen wirken, und versuchen, diese Kräfte für den Menschen nutzbar zu machen und negative Einflüsse abzuwenden. Interessanterweise finden sich auch in unseren westlichen Kulturkreisen Bautraditionen, die auf solche unsichtbaren Einflüsse Rücksicht nehmen.

Auch falls Ihnen Feng shui nichts sagt oder wenn Sie gar nichts von asiatischen Weisheiten halten, wird Ihnen sicher einleuchten, daß ein Fenster viel Ablenkung bieten kann.

Statt Ablenkung braucht Ihr Schulkind bei den Hausaufgaben jedoch wie jeder Kopfarbeiter Sammlung, Konzentration. Deshalb können viele Schreibtischarbeiter auch gut mit dem Gesicht zur Wand arbeiten. Sie hoffen, daß sie so den drohenden Ablenkungen entgehen. Doch gerade bei kleinen Schreibtischen führt die Position direkt vor der Wand dazu, sich wie mit einem Brett vor dem Kopf zu fühlen, also nicht frei denken können.

Probieren Sie es einmal aus! Wo kommt Ihr Denken besser in Gang? Auf einem bequemen Stuhl, der auf die Wand gerichtet ist, vielleicht mit einem Tisch dazwischen? Oder auf einem bequemen Stuhl, der in den Raum gerichtet ist?

Besonders empfehlenswert ist eine Sitzposition mit dem Rücken zur – das Selbstbewußtsein stärkenden – Wand und mit dem Gesicht in den Raum.

☞ Worauf fällt der Blick?

Achten Sie darauf, was Ihr Kind ins Gesichtsfeld bekommt, wenn es beim Lernen den Kopf hebt. Schaut es direkt auf das grellbunte Poster der Heavy-Metal-Band? Bei den Hausaufgaben sind solche heftigen Ablenkungen zu vermeiden. Oder auf ein beruhigendes Poster mit grasenden Pferden? Schon besser. Wichtig ist, daß das Bild oder die Collage Ruhe ausstrahlt und keine Hektik.

☞ Farben wirken direkt auf unser Wohlbefinden.

Und Kinder gelten als besonders empfänglich für „Farb-Botschaften". Quirlige, leicht nervöse Kinder sollten daher nicht von zu vielen kräftig-bunten und damit anregenden Farben wie Rot, Orange und Gelb umgeben sein. Grün und Blau können für Beruhigung sorgen. Für eher ruhige bis passive Kinder wäre mehr farbige Lebendigkeit vielleicht eine Hilfe.

Respektieren Sie aber auch hier persönliche Vorlieben. Manche Jugendliche drücken ihre Gemütsverfassung durch grau-schwarze Kleidung aus. Schimpfen hilft nicht. Arbeiten Sie lieber daran, die Laune eines schwermütigen Teenagers zu heben, als ihm einen Farbschock zu verpassen.

☞ **Stehen im Kinderzimmer alte oder schwere Schränke?**

Überlegen Sie, ob Sie diese nicht austauschen können. Massive und auch alte Möbel mit einer „staubigen" Ausstrahlung, egal wie schön oder kostbar sie sind, können ein Kind in seiner Entwicklung belasten.

☞ **Belastendes ausschließen**

Vermeiden Sie am Arbeitsplatz des Kindes (und möglichst auch im gesamten Kinderzimmer) Gegenstände anderer Personen, also der Eltern oder von älteren Geschwistern oder anderen. Das können zum Beispiel Sportsachen oder Taschen der Eltern sein, die unter dem Schreibtisch gelagert werden. Es könnte sein, daß Ihr Kind sich unbewußt in seiner Individualität eingeschränkt fühlt und nicht so frei und eigenständig denken kann, wie es vielleicht möchte. Eigenständiges Denken ist aber für erfolgreiche Schularbeit besonders wichtig.

Dieser Hinweis mag Ihnen vielleicht etwas weit hergeholt erscheinen, doch spielt uns unser Unterbewußtsein bekanntlich manchen Streich.

Hat Ihr Kind keinen richtig eigenen Platz, der frei ist von den Sachen anderer, dann spiegelt das vielleicht die Dominanz anderer Personen in der Familie. Überprüfen Sie, wie viel Platz Sie Ihrem Kind einräumen.

Umgekehrt gilt natürlich das gleiche. Kann Ihr Kind sich mit seinen Sachen überall ausbreiten, nehmen Sie selbst sich vielleicht zu sehr zurück.

☞ **Besprechen Sie Wohnungsveränderungen mit Ihrem Kind**

Auch kleine Kinder haben ein gutes Gefühl für Harmonie. Wenn Ihr Kind, entgegen unserer Empfehlung, auf seinem Fensterplatz besteht, lassen Sie es dabei und beobachten Sie die Situation. Vielleicht haben Sie noch gar nicht richtig den besonderen Baum zur Kenntnis genommen, der sich direkt vor dem Fenster Ihres Kindes entfaltet und dessen wohltuende, harmonisierende Wirkung sich auch auf die Hausaufgaben erstrecken kann.

5. „Ich will nicht allein arbeiten"

Richtig oder falsch?

Die neunjährige Charlotte sitzt seit etwa 15 Minuten im Wohnzimmer am Eßtisch über den Hausaufgaben. Sie ist nicht allein. Ebenfalls im Wohnzimmer: Jakob, Charlottes jüngerer Bruder, mit Game Boy in der Hand und Kopfhörer über den Ohren sowie Frau Lang, die Mutter von Charlotte, eine Tageszeitung lesend.

Charlotte, tief und empört schnaufend: „Wieso kriegen immer wir so schwere Aufgaben auf?" – Dann, laut, vorwurfsvoll: „Was soll ich hier denn überhaupt machen?!"

Etwas irritiert blickt Frau Lang von ihrer Zeitung auf und ...

A

... steht sofort auf, geht zu Charlotte, legt den Arm tröstend um ihre Tochter.

Frau Lang: „Laß mich mal sehen. Das kriegen wir schon. Paß auf, ich habe eine Idee. Jetzt hol ich dir erst mal was Süßes, und dann nehm ich mir die Aufgaben vor. Es ist wirklich nicht schön, daß die Hausaufgaben immer so anstrengend sind."

B

... schaut ihre Tochter kurz an und liest weiter. Ihre Körperhaltung und ihr Gesichtsausdruck sagen: „Stör mich bitte nicht noch einmal!"

C

... legt sorgfältig die Zeitung auf den Couchtisch, bleibt im Sessel sitzen.

Frau Lang: „Über welcher Aufgabe grübelst du denn?"

Charlotte: „Deutsch!"

Frau Lang: „Und was ist da zu tun?"

Charlotte: „Alle Dativ- und Akkusativobjekte unterstreichen."

Frau Lang: „Hört sich richtig wissenschaftlich an. Kannst du meinem Gedächtnis auf die Sprünge helfen? Was war das gleich noch mal, ein Dativ- und ein Akkusativobjekt?"

Charlotte: „Also, in der Schule haben wir das so gelernt ..."

Frau Lang hört aufmerksam zu, während Charlotte eifrig erklärt.

„Warum willst du deine Hausaufgaben nicht allein erledigen?" – „Das mach ich sonst doch auch nie!"

Vom ersten Schultag an war es für Peter, Anna und Sophia selbstverständlich, daß ihre Mütter sich nachmittags mit an den Tisch setzten, an dem die Kinder ihre Hausaufgaben erledigten. Sie – die Mutter – bestimmte den Zeitpunkt, die Reihenfolge und gab auch ansonsten viele gute Tips, wie man die Hausaufgaben am besten machen könnte. Warum, zum Kuckuck, soll das plötzlich anders laufen?

„Ich will aber nichts falsch machen!"

Oft bietet die Aufgabenstellung einen gewissen Interpretationsspielraum, wie man die Hausaufgaben ausführen könnte. Ein schönes Ferienerlebnis ließe sich durchaus auf eine Viertelseite quetschen, man könnte das Ganze aber auch auf die dreifache Länge bringen. Bei den Mathematikaufgaben könnte man einfach das Ergebnis hinschreiben oder jeden denkbaren Zwischenschritt schriftlich fixieren. Wichtiges neben Banalem – ständig muß etwas entschieden werden. Und am Ende weiß man nicht, ob der Lehrer es auch so haben wollte. Wenn die Mutter mit am Tisch sitzt, könnte sie ja entscheiden und bekäme natürlich auch den Schwarzen Peter, wenn's die falsche Entscheidung war. So ist das eben im Leben.

„Ich erzähl' dir das Neueste aus der Schule, ja?"

Tja, in der Tat empfinden viele Kinder das gemeinsame Sitzen am Tisch als recht gemütlich. Alle möglichen Erlebnisse und Beobachtungen aus der Schule werden der meist interessiert zuhörenden Mutter erzählt. Auf diese Weise wird die Zeit für die Hausaufgaben zu einem angenehmen Hausaufgaben-Plauder-Stündchen. Problematisch wird diese „Arbeitshaltung", wenn aus dem Stündchen ein für alle qualvolles Fünf-Stunden-Programm wird.

„Allein werde ich nie fertig!"

Jedesmal die gleiche Situation: Kaum steht die Mutter vom Tisch auf, stagniert es mit den Hausaufgaben. Nichts geht mehr. Nach einer halben Stunde derselbe Stand wie vordem. Waren Zeitdiebe am Werk? (Zu „Zeitdiebe siehe Seite 41.) Oder steht das Kind in einer zu engen Abhängigkeit von der fürsorgenden Mutter?

Helfen Sie Ihrem Kind, selbständig zu werden!

Bei allen unterschiedlichen Meinungen und Ansichten über Hausaufgaben, über eines scheinen sich Eltern einig zu sein: daß die Hausaufgaben – langfristig gesehen – von den Schülern selbständig erledigt werden müssen. Manche der Eltern wollen das vom ersten Tag an so haben, andere meinen, daß dieses Ziel bis zum Ende der Grundschulzeit erreicht sein sollte.

Die Gründe liegen auf der Hand: Kinder, die ihre Hausaufgaben selbständig erledigen

■ verfügen über ein größeres Selbstbewußtsein hinsichtlich ihrer schulischen Fähigkeiten,

■ sind von der Anwesenheit der Eltern nicht abhängig,

■ schonen die Nerven der Familie,

■ können mit ihrer Zeit eigenständiger umgehen.

Ganz davon abgesehen wird sowieso der Tag kommen, an dem weder Vater noch Mutter helfen können, weil der Unterrichtsstoff ihnen nicht vertraut ist. Allenfalls könnte noch der ältere Bruder oder die ältere Schwester einspringen. Aber die werden sich für den Job eines täglichen Hausaufgabenretters bedanken. Bliebe als letzte Fremdhilfe die Hausaufgabenbetreuung e. V., Königinstraße 19, II. Stock.

Nein, es führt kein Weg daran vorbei: Ihr Kind muß lernen, seine Hausaufgaben selbständig zu erledigen. Aber wie?

Damit Ihr Kind selbständiger wird, müssen Sie Ihr Verhalten ändern! Appelle wie: „Nun mach doch mal voran!", „Frag nicht so viel!", „Denk selbst nach!" frustrieren oder verängstigen ein Kind, bewirken aber keine positive Änderung seines Verhaltens. Wenn ein Kind Neues lernen soll, braucht es eine **positive** Lernausgangssituation! Eine frustrierte und genervte Mutter hemmt den Schritt in die Selbständigkeit.

☞ **Beobachten Sie sich und Ihr eigenes Verhalten.**

■ Steht Ihnen der Ärger über das Verhalten Ihres Sohnes ins Gesicht geschrieben?

■ Drückt Ihre Stimme Gereiztheit oder Wut aus oder sprechen Sie leise und unsicher?

■ Was signalisiert Ihre Körperhaltung? Bereitschaft zum Angriff? Resignation? Verzweiflung?

Versuchen Sie, sich selbst mit den Augen Ihres Kindes zu sehen. Wie wirken Sie auf sich? Machen Sie sich klar, daß ein Kind, das seine Hausaufgaben nicht selbständig erledigen kann, tief in seinem Inneren Hilflosigkeit fühlt. Begegnen Sie Ihrem Kind entspannt und freundlich. Das wäre die Basis, von der aus etwas Positives bewegt werden kann.

Vielleicht brauchen Sie selbst dafür einige Tage Abstand von den Hausaufgaben, Tage, in denen Sie Ihr Kind notgedrungen allein lassen.

☞ **Seien Sie Ihrem Kind ein gutes Vorbild.**
Dieser Ratschlag ist nicht gerade originell, nichtsdestotrotz aber nach wie vor bedeutend. Psychologen werden nicht müde, immer wieder zu betonen und auch nachzuweisen, daß Kinder sich am Verhalten ihrer Eltern orientieren. Die Wahrscheinlichkeit, daß eine Mutter, die anderen Menschen etwas ängstlich begegnet, ein sehr forsches Kind hat, ist eher gering, es sei denn, das Kind hat andere Erwachsene in seiner täglichen Umgebung, an deren Verhalten es sich orientieren kann.

Auch selbständiges Verhalten leben Eltern ihren Kindern vor. Eine Mutter, die recht selbstbewußt neue Situationen und Herausforderungen anpackt, hat für ihre Tochter oder ihren Sohn Vorbildcharakter. Das gilt auch für die Mutter, die sich bei jeder kleinen unvorhergesehenen Situation nervös und hilflos an ihren Mann wendet.

Wenn Ihr Kind sich beharrlich weigert, selbständig zu arbeiten, dann hat das oft Gründe, die im Verhalten der Eltern zu suchen sind. Insofern gilt es für Eltern, zunächst ihr eigenes Verhalten unter die Lupe zu nehmen.

☞ **Gehen Sie ruhig in kleinen Schritten vor.**
Wenn Sie sich entschlossen haben, Ihr Kind in Zukunft allein seine Hausaufgaben machen zu lassen, dann gehen Sie ruhig ganz langsam vor. Hau-Ruck-Verfahren verursachen oft einen dicken Kopf und noch mehr Frust.

Versprechen Sie Ihrem Kind, daß Sie es nicht allein lassen; erklären Sie, daß es aber seine Kräfte und Kenntnisse in Zukunft stärker allein erproben soll. Dann lassen Sie es am Anfang zum Beispiel 10 Minuten allein an den Aufgaben sitzen (Sie sind in einem anderen Raum), bevor Sie dazukommen. Am folgenden Tag dasselbe. Zwei Tage später sitzt es 15 Minuten allein am Tisch, kommende Woche dann 20 Minuten usw. Schließlich setzen Sie sich gar nicht mehr daneben, sondern schauen nur zwischendurch über die Schulter.

Wenn Sie beide, Mutter bzw. Vater und Kind, das eine ganze Weile geschafft haben (bei sehr anhänglichen Kindern vielleicht nach vier Wochen), sollten Sie auch mal die Wohnung verlassen können, ohne daß Ihr Kind die Arbeit abbricht.

Suchen Sie sich also kleine Schritte, die Ihrer Situation entsprechen, und ändern Sie die unbefriedigende Situation in Ihrem eigenen Tempo. Nur verlieren Sie das Ziel nicht aus den Augen: ein selbständig arbeitendes Kind.

☞ **Seien Sie ansprechbar für Ihr Kind, stehen Sie ihm aber nicht bedingungslos zur Verfügung.**
Im Anschluß an die kleine Szene, die wir zu Beginn des Kapitels geschildert haben, werden drei verschiedene Verhaltensweisen angeboten. Alle drei Reaktionen sind sehr übertrieben formuliert, denn sie sollen das Problematische an jeder Reaktion deutlich machen.

„Mutter jederzeit zum Start bereit" – so könnte man die unter Punkt A genannte Verhaltensweise umschreiben.

Ob ein Kind – von den startbereiten Erwachsenen mal ganz abgesehen – eine solche Atmosphäre wirklich genießt? Würde es Ihnen nicht auch auf die Nerven gehen, wenn die ganze Familie sofort zu laufen und zu springen beginnt, nur weil Sie beiläufig erwähnen, daß Sie auf eine Tasse Kaffee Appetit haben? Alles rennt, überschlägt sich, will gleich noch tausend weitere Wünsche erfüllen. Am Ende würden Sie es wahrscheinlich bitter bereuen, überhaupt etwas gesagt zu haben. Dabei meinen es alle so gut. –

Einem Schulkind geht es wahrscheinlich nicht anders. Wenn es eine Frage hat, will es eine Antwort. Sonst nichts. Vor allem will es nicht, daß der ganze Tagesablauf der Mutter durcheinandergerät. Eine ruhige Antwort, das ist alles.

Ganz besonders bedanken sich Kinder, wenn ihre Frage gleich eine Flut weiterführender und vertiefender Aspekte auslöst. Christian wollte eigentlich nur wissen, ob Hannibal mit seinen Elefanten von Süden oder von Norden her über die Alpen marschiert ist, und jetzt doziert der Vater schon seit 20 Minuten über alles, was er noch von den Punischen Kriegen weiß. Das will der Junge aber gar nicht wissen, das interessiert ihn im Moment nicht. Irgendwann wird er das in der Schule schon noch lernen, hoffentlich hört der Vater bald auf.

Bei Susanne zu Hause ist es gerade umgekehrt, etwa so, wie das unter Punkt B beschrieben wurde. Niemand fühlt sich angesprochen, wenn sie etwas fragt. Das ist auch nicht schön. Susannes Eltern stehen auf dem Standpunkt, ihre Tochter müsse mit den Hausaufgaben allein fertig werden. Sie, die Eltern, wollten sich da ganz heraushalten.

Ideal scheint die unter Punkt C geschilderte Reaktion. Stellen Sie sich vor, Ihr Sohn sitzt an den Hausaufgaben, und auf einmal geht es einfach nicht mehr weiter. Wenn er sich jetzt an Sie wendet, sollten Sie sich schon von Ihrer hilfsbereiten Seite zeigen. Aber gehen Sie mit Ihren Tips und Ratschlägen sparsam um. Bieten Sie nicht gleich eine komplette Lösung an. Manchmal genügt ein kleiner Kick, und das Räderwerk bewegt sich wieder ganz munter und emsig.

Bremsen Sie auch Ihren Eifer, selbst wenn Sie die beste aller Lösungen kennen. Es geht bei den Hausaufgaben nicht darum, dem Lehrer zu zeigen, wie gut Mutter oder Vater den Unterrichtsstoff beherrschen. Es geht darum, die Selbständigkeit Ihres Sohnes und Ihrer Tochter zu fördern. Bemühen Sie sich vielmehr um Ruhe, Gelassenheit und freundliche, aber zurückhaltende Anteilnahme – das wäre die ideale Haltung. Dafür müssen Sie auch mal in Kauf nehmen, daß Ihr Kind seine Hausaufgaben nicht perfekt erledigt, möglicherweise sogar Fehler macht. Können Sie das aushalten?

6. Ist Ordnung doch das halbe Leben?

Ein bißchen Chaosforschung

Unendlich viele Teilchen, die durch den Raum schwirren. Auf geheimnisvolle Weise sind sie durch gegenseitige Anziehung und Abstoßung miteinander verbunden. Energie ist es, was dieses scheinbare Durcheinander zusammenhält. Können Sie sich das vibrierende Etwas vorstellen? Sie sehen seine Randbegrenzung, sie fühlen die Oberfläche, denn: Es ist Ihr Tisch. So fest, wie er dazustehen scheint, so munter bewegen sich doch genau in diesem Moment die kleinen Teilchen, aus denen er sich zusammensetzt, Elementarteilchen, von denen das kleinste vielleicht immer noch nicht entdeckt wurde. Und da meinen wir zu wissen, wo die Bleistifte hingehören und wo die Grammatik-Bücher? Wo doch unsere ganze Welt ständig in Bewegung ist?

Wir wollen hier keine wissenschaftlichen Fragen besprechen. Nein, das alltägliche Schreibtisch-Chaos ist unser vergleichsweise harmloses Thema. Harmlos, wenn man es mit den wirklichen Problemen vergleicht, auf die unsere Schulkinder in ihrer Ausbildung noch stoßen werden.

Grundschul-Eltern wissen es: Jedes Kind braucht, gerade zu Beginn, einen *festen äußeren Rahmen*, der ihm bei den Hausaufgaben Sicherheit und Ruhe verschafft. Wer erst umständlich den Spitzer suchen muß, verliert die

Konzentration auf die Rechenaufgaben. Daher liegt das Schreibwerkzeug besser immer an einem festen Platz.

Mit den Jahren stellt sich schnell heraus, wie *unterschiedlich* die Kinder ihre persönliche Ordnung handhaben. Jetzt gilt es, genau zu beobachten: Kommt ein Kind zurecht, obwohl sein Arbeitsplatz wie ein Schlachtfeld aussieht, können Sie sich getrost zurückhalten. Jede – scheinbar ordnende – Veränderung Ihrerseits könnte sogar schlimme Folgen für die nächste Schlacht haben, denn nur der Feldherr oder die Feldherrin kennt die Aufstellung der Truppen.

Neigt ein Kinder aber zur Nachlässigkeit und kommt mit seinem eigenen Durcheinander selbst nicht zurecht („Mama, wo ist mein Rechenheft?"), dann müssen Sie wohl oder übel eingreifen.

Was für Schulkinder wichtig ist

☞ Kaufen Sie alle Utensilien mindestens doppelt (Radiergummis, Bleistifte, Füllerpatronen, Schreibhefte usw.). Sollte Ihr Kind dann, statt Hausaufgaben zu machen, hingebungsvoll seinen Bleistift suchen, müssen Sie nicht verzweifeln. Im Fall des Falles haben Sie schnell Ersatz zur Hand. Nach Ende der Aufgaben kann der alte Bleistift in Ruhe gesucht werden.

☞ Beliebt ist der Hinweis, die Sachen für ein Fach in einer Farbe einzubinden. Also das Sachkunde-Buch in einen roten Schutzumschlag und das Hausaufgabenheft für Sachkunde auch in Rot. Das kann einzelnen Kindern die Orientierung erleichtern. Grundschul-Lehrer geben entsprechende Hinweise, und manche Schreibwaren-Verkäufer richten sich auf die spezielle Nachfrage ein.

☞ Klären Sie, ob es überhaupt genügend Platz gibt. Ihr Kind braucht mindestens ein eigenes Regal für seine Bücher, eine große Ablagefläche für die Hefte, möglichst eine große Schublade für Schreib- und Zeichenutensilien. Gut sind außerdem: ein fester Schrankplatz für Sportsachen, ein weiterer Platz für Kunst- und Bastelmaterial. (Hinweise zum Arbeitsplatz finden Sie im 4. Kapitel ab Seite 46.)

☞ Helfen Sie Ihrem Kind, seine Sachen vor dem Zugriff der Geschwister zu schützen.

☞ Als hilfreich erweisen sich immer wieder Pinwände. Eine eigene Merktafel kann Kinder motivieren, wichtige Termine auf Extrazettel zu schreiben (wodurch man sie sich besser merkt), den Stundenplan im Blick zu haben, nichts Wichtiges in Schubladen verschwinden zu lassen (notfalls kann man es ja anpinnen, falls sich sonst kein Plätzchen findet). Auch Teddybärchen lassen sich am Faden aufhängen und torkeln dann nicht über die Arbeitsfläche.

☞ Sie müssen gemeinsam die Ordnung Ihres Kindes herstellen, nicht Ihren eigenen Ordnungsvorstellungen folgen! Was für Sie schön ist (der Blumentopf auf der Fensterbank), kann für jemand anderen ein lästiger Störfaktor sein (immer muß man den ollen Topp erst umständlich wegstellen, wenn man mal lüften will ...).

Und denken Sie daran, daß nicht alles fest und beständig ist, was so scheint. Auch Ordnungssysteme müssen von Zeit zu Zeit geändert werden können, um sich neuen Herausforderungen (neuen Schulfächern, neuen Moden in der Klasse) anzupassen.

Dumme Fehler durch Nachlässigkeit?

Manchmal ist es nicht die Frage, wo denn nun der Radiergummi liegt, ob also das Kind eine äußerliche Ordnung einhalten kann. Sondern *wie* Ihr Kind an die Aufgaben herangeht. Nachlässig und hingeschmiert? Das kann schnell zum großen Handicap werden. Gerade phantasievolle und intelligente Kinder haben oft Probleme mit dem ordentlichen Schreiben und Zeichnen. Manche Hefte sehen dann zwar wie Kleinkunstwerke, aber leider nicht wie Schularbeiten aus. Wie schade, wenn dadurch die Leistungen schlechter sind, als sie sein könnten.

☞ Das Hausaufgabenheft muß ordentlich geführt werden. Damit fängt alles an. Gehen Sie mit einem zur „Schlampigkeit" neigenden Kind gerade in den ersten Schulmonaten die Notizen im Heft durch. Besprechen Sie mit Ihrem Kind, warum Sie das tun. Es soll sich nicht permanent kontrolliert fühlen, sondern es soll spüren: Sie wollen ihm helfen, damit es in Zukunft alleine mit seiner Schularbeit zurechtkommt. Dafür muß es lernen, die gestellten Aufgaben ordentlich zu notieren.

☞ Sogenannte schlampige Kinder sind oft einfach zu schnell. Sie denken schon an die nächste Aufgabe oder an das Fußballtraining, während sie noch – quasi nebenbei – die Mathe-Lösungen hinschmieren. Wenn sie so schnell schreiben könnten, wie sie denken, dann wäre alles einfacher. Überlegen Sie, ob Sie ihm oder ihr einen PC anschaffen. Wer hier zu oft falsche Tasten drückt und damit den Computer mit falschen Befehlen füttert, bringt den armen Kerl zum Absturz und muß von vorne beginnen. Sehr lästig. Das trainiert die Genauigkeit beim Arbeiten.
Ein möglicher weiterer Ansporn können gute Lernpro-

gramme sein: Computer sind wirklich schnell und können sofort Bescheid geben, ob eine Antwort richtig war oder nicht. Außerdem binden sie die Aufmerksamkeit, indem Text, Bild und Ton zusammenwirken.

Den letzten Tip möchten wir allerdings etwas einschränken: Unserem Empfinden nach können Grundschulkinder noch ganz gut ohne PC leben und arbeiten. Wenn Sie also den Computer nicht unbedingt als Notmaßnahme für Ihr scheinbar chaotisches Kind brauchen, dann zögern Sie ruhig mit der Anschaffung. Selbst wenn in der Klasse Ihres Kindes eine gewisse Computer-Hysterie ausgebrochen ist. („Was, Ihr Kind soll also den Anschluß an die technische Entwicklung verpassen …?!!")
Es spricht überhaupt nichts dagegen, daß Kinder für einige Jahre erst einmal in Ruhe ihre Handschrift vervollkommnen und darüber hinaus anderen Tätigkeiten nachgehen als vor dem Bildschirm zu sitzen. Mit 10 oder mehr Jahren können sie sich bei Interesse immer noch einarbeiten; die modernen Programme ermöglichen auch Ungeübten einen raschen Einstieg.

☞ Für hektische, übereifrige Kinder ist eine ruhige Umgebung besonders wichtig. Nichts Ablenkendes auf dem Schreibtisch erlauben! Für ein Mindestmaß an Ordnung im Zimmer sorgen, bevor mit den Aufgaben begonnen wird.

☞ Auf genügend Ausgleich durch Sport, Musik oder knifflige Bastelarbeiten achten. Es kann helfen, wenn ein übereifriges Kind erst Fußball spielen darf, bevor es mit den Aufgaben beginnt. Wichtig ist natürlich, die Bewegungszeit vor den Aufgaben zu begrenzen, vielleicht auf eine halbe Stunde.

Körperliche Aktivitäten, ob im Großen beim Sport oder im Kleinen beim Basteln, helfen, den Geist zu ordnen. Besonders wohltuend und die geistigen Aktivitäten fördernd ist es, ein Musikinstrument zu spielen. Ihr Kind sollte aber selbst aussuchen können, was ihm Spaß macht. Sonst steht nach einem Jahr teurem Cello-Unterricht das Instrument beschäftigungslos in der Ecke. Übrigens: Viele Musikalienhandlungen leihen Instrumente aus, damit die Kinder ohne zu große finanzielle Opfer der Eltern eine Schnupperkurs beginnen können.

☞ Vielleicht findet Ihr Kind Spaß an Entspannungs- und Konzentrationsübungen. Versuchen können Sie es ja mal. Anleitungen finden Sie im Kapitel 12 ab Seite 118.

7. „Ich bin frustriert, wenn's nicht klappt"

Warum manche Kinder sich nicht so leicht durchbeißen wie andere

Verflixt und zugenäht!
Jetzt reicht's mir aber!
Die ganze blöde Rechnung umsonst!
Zum Teufel mit den doofen Funktionen!

Jakob ist um fünf Uhr mit seinem Freund verabredet
Und bis dahin will er alle Hausaufgaben erledigt haben. So hatte er es sich vorgenommen, und so ist es auch mit seiner Mutter abgemacht. Aber je weiter die Zeit voranschreitet, desto klarer wird, daß Jakob bis um fünf noch nicht einmal die Hälfte geschafft haben wird. Er wird unruhig und kann sich nicht mehr auf die Hausaufgaben konzentrieren, verrechnet sich und muß von vorne anfangen.

Die Ausgangsposition „Bis um ... muß ich fertig sein" ist prinzipiell belastend, wenn Hausaufgaben erledigt werden müssen, deren Dauer nicht gut kalkulierbar ist.

Jakob würde entspannter und aufmerksamer an den Hausaufgaben sitzen, wenn er sich einen anderen Plan zurechtgelegt hätte. Zum Beispiel könnte er die Hausaufgaben nach der Wichtigkeit ordnen. Am frühen Nachmittag würde er mit dem Kompliziertesten beginnen und all das, was er bis um 17 Uhr nicht geschafft hätte, müßte er dann eben ausnahmsweise abends noch erledigen. Wenn er

Glück hat, sind das dann vielleicht nur noch einige Schreibaufgaben.

Er reagiert auf *alles* so schnell frustriert

Schon bei ganz kleinen Kindern ist zu beobachten, wie geduldig bzw. ungeduldig sie im Spiel reagieren. Die einen werfen erbost die Spielsachen durch die Gegend, nur weil das Tor der kleinen Spielzeuggarage klemmt. Andere scheint nichts aus der Ruhe zu bringen. „Vieles ist Erziehung", meint dazu eine Schulpsychologin. Kindern, die sich schnell frustrieren lassen, fehle es an Stabilität und Selbstwertgefühl. Zu schnell würden sie sich in Frage stellen. Wenn es mit den Mathematikaufgaben, dem Drachenbauen, dem Skateboardfahren nicht auf Anhieb klappe, werde das von nervösen Kindern als persönliche Unfähigkeit gewertet.

Diese Hausaufgaben sind mehr als gewöhnliche Hausaufgaben

Und deswegen ist es ganz besonders ärgerlich und frustrierend, wenn sie nicht gut gelingen. Diese Hausaufgaben sollten eigentlich helfen, die Note im Mündlichen zu verbessern. Aber Sarah ahnt, daß sie mit dem, was sie da gerade produziert, keine Lorbeeren holen kann. Der Frust steigert sich. Keine gute Hausaufgabe – keine bessere mündliche Note – keine „Drei" im Zeugnis. Sarah wollte heute einen besonders guten Aufsatz schreiben, und nun will das nicht gelingen. Sie wird richtig wütend, denn sie weiß, daß sie normalerweise gut schreiben kann. Aber heute ist eben nicht „normalerweise". Dieses Gefühl „Heute muß der Aufsatz ganz besonders gut werden" lähmt sie, schafft Anspannung, wo Entspannung angesagt wäre. Vielleicht findet Sarahs Mutter ja Mittel und Wege, um ihre Tochter etwas aufzumuntern.

Marco hat Angst vor seiner Lehrerin

Tag für Tag kontrolliert Marcos Lehrerin die Hausaufgaben. Und wie gründlich. Da hat man keine Chance, sich irgendwie durchzumogeln. Und kritisch ist sie. Wer schlampig gearbeitet hat, bekommt unerbittlich einen Vermerk eingetragen und muß alles nacharbeiten. Oft gibt es noch eine Extraaufgabe für die Hausaufgabenmuffel. Manchmal schimpft sie sehr. – Marco hat Angst, Zielscheibe ihrer Unzufriedenheit zu werden. Die Konzentration fällt ihm schwer.

Übrigens: Manchmal ist es nicht die Lehrerin, die mit zu hohen Ansprüchen die Arbeitsmotivation lähmt, sondern die Eltern. Sie haben sich selbst die Rolle einer ersten Kontrollinstanz zugeschrieben. Sie werten und kritisieren, ergänzen und streichen, verbessern und ersetzen. Sie loben und schimpfen, belohnen und strafen.

Oliver will alles perfekt machen

„Mein Sohn ist ein Perfektionist", erzählt Olivers Mutter, „aber leider hat er keine Geduld". Diese Kombination ist in der Tat nicht sehr fruchtbar. Die Ansprüche sind hoch, aber mit der Durchführung hapert's. Olivers Mutter glaubt, daß die sehr guten Leistungen ihrer Tochter – sie ist zwei Jahre älter als ihr Sohn – irgendwie auf Oliver lasten. Die ganze Familie ist stolz auf Jenny. Selbständig und selbstbewußt sitzt sie täglich an den Hausaufgaben. Auf die Idee, das Buch in die Ecke zu knallen, würde sie nicht kommen. Aber Oliver tut das. Die Schule fällt ihm schwerer als seiner Schwester, und er leidet darunter. Denn er orientiert sich an ihr. So wie sie schreibt, ihre Schulsachen organisiert, Vokabeln lernt, Hefte führt, so versucht er es nachzumachen, und darin liegt sein Problem. Seine Eltern müssen ihm helfen, seinen eigenen Weg, seinen eigenen Stil zu finden. Nur dann kann er zu befriedigenden Leistungen gelangen.

Wie reagieren Sie spontan, wenn Ihr Kind frustriert am Schreibtisch sitzt? Nervös und ärgerlich? Mitleidig? Hilfsbereit? Abweisend? Zurechtweisend?

Wahrscheinlich reagieren die meisten Eltern mal so und mal so, je nachdem, in was für einer Verfassung sie selbst sind. Aber eines werden viele von Ihnen auch schon beobachtet haben: Ob ein Kind frustriert über den Hausaufgaben sitzt, scheint sehr stark davon abzuhängen, in was für einer Gemütslage Mutter oder Vater selbst sind. Auch Eltern schon älterer Kinder stellen immer wieder fest, daß ihre Sprößlinge emotional noch ganz schön eng mit ihnen verbunden sind.

Aber nun soll es erst einmal darum gehen, wie Eltern sich am geschicktesten verhalten, wenn ihr Kind mit viel Frustration am Schreibtisch sitzt und kaum noch Bereitschaft signalisiert, sich ordentlich mit den Hausaufgaben zu beschäftigen. Genauso wie in der Medizin, in der Politik, in der Wirtschaft müssen wir zwischen längerfristig wirksamen und kurzfristig wirksamen Maßnahmen unterscheiden.

Beginnen wir mit dem Soforthilfeprogramm:

☞ **Vorsicht Infektionsgefahr**

Lassen Sie sich vom Frust Ihres Kindes nicht anstecken. Denn dann wird ein äußerst unerfreulicher Prozeß in Gang gesetzt: gegenseitige Vorwürfe, Zurechtweisungen, Drohungen, Strafen. Am Ende sind alle mit den Nerven fertig, die Hausaufgaben sind unerledigt, und der Frust hat sich zur Depression gesteigert.

☞ **Verständnis zeigen für den Frust**

Das geht natürlich nur dann, wenn Sie wirklich nachvollziehen können, warum Ihr Kind so frustriert reagiert. Wenn Sie nämlich nur Verständnis heucheln, dann wittert Ihr Nachwuchs Hohn und Spott, was seinen Frust noch verstärken könnte. Wenn es Ihnen aber möglich ist, Ihrem Kind Verständnis für seinen Ärger zu signalisieren, dann wird das wie Balsam wirken. Es beruhigt. Geteiltes Leid ist halbes Leid.

☞ **Für Ablenkung sorgen**

Wenn man sich bei einer Hausaufgabe so richtig in die falsche Richtung verbissen hat, dann hilft nur eines: Abstand gewinnen. Also: Buch zu, Arbeitsplatz verlassen, sich mit etwas anderem beschäftigen. Und dabei können die Mutter oder der Vater behilflich sein, indem sie verschiedenes anbieten: eine Tasse Tee oder ein Glas Limonade, ein paar Kekse oder etwas Obst und vor allem: netten Gesprächsstoff. Sie werden sehen: Solche Dinge sind die reinsten Frustvernichter.

Diese wohlwollende Dienstbereitschaft sollte aber wirklich nur dann zum Einsatz kommen, wenn sich das Schulkind vergeblich und lange abgemüht hat. Ansonsten wäre der Eifer vermutlich zu einseitig.

☞ **Erneute Starthilfe geben**

Was allein nicht funktioniert, klappt dann aber vielleicht gut zu zweit. Es könnte auf jeden Fall für das eine oder andere Kind hilfreich sein, wenn sich Mutter, Vater, großer Bruder bereit erklärt, beim zweiten Anlauf behilflich zu sein. Manche Kinder werden eine solche Hilfe ablehnen, weil es ihnen lieber ist, wenn sie es noch einmal allein versuchen.

Diese Starthilfe darf auch nur in akuten Verzweiflungssituationen gegeben werden. Auf Dauer muß Ihr Kind allein seinen Frust bekämpfen.

Daher unsere Vorschläge für längerfristige Strategien:

☞ **Gelassenheit vorleben**

Wohl allen Eltern, die sich wegen der Hausaufgaben Sorgen machen, ist klar, daß sich dieses Problem nicht von heute auf morgen lösen läßt. Soll sich langfristig etwas entscheidend ändern, dann muß man sich auf Maßnahmen und Verhaltensweisen besinnen, die für die Kinder allgemeine Orientierungshilfen bieten. Warum sind denn manche Kinder immer so schnell frustriert, wenn etwas nicht klappt? Andere Kinder bleiben doch auch gelassen und verschwenden nicht so viel Energie! Wenn Sarah mit den Mathematikaufgaben nicht zurechtkommt, zuckt sie mit den Schultern und klappt das Heft zu. Und das war's dann für sie. Sie hat sich Mühe gegeben, hat verschiedene Wege probiert und weiß jetzt beim besten Willen nicht mehr, was sie noch tun soll. In der nächsten Mathestunde will sie gleich zu Beginn der Stunde den Lehrer fragen. So viel und nicht mehr. Sarah hat Abstand zu den Hausaufgaben und das selbstbewußte Gefühl, alles in ihrer Macht Stehende getan zu haben.

Thomas dagegen ärgert sich, ist wütend, die Laune ist ihm für den Tag verdorben. Und da er ein eher durchschnittlicher Schüler ist, der relativ oft bei den Hausaufgaben steckenbleibt, sind Thomas' Nachmittage fast immer trist. Appelle wie: „Nun sei doch nicht gleich immer so frustriert!" sind sinnlos, verstärken fast noch das negative Gefühl.

Kinder brauchen Vorbilder, an denen sie sich orientieren. Und da spielt das Verhalten der Eltern eine sehr große

Rolle. Wollen Eltern, daß ihr Kind ruhig und gelassen mit den Dingen, die da kommen, umgeht, dann müssen sie ihm solche Verhaltensmuster vorleben. Mütter, die sich dauernd aufregen, Väter, die bei jeder Kleinigkeit einen Wutanfall bekommen, können nicht erwarten, daß ihre Kinder sich durch souveränes und distanziertes Verhalten auszeichnen. Überlegen Sie sich mal, wann Sie in letzter Zeit frustriert, lustlos, verärgert, entmutigt reagiert haben! Was für Anlässe waren das? Wie lange hat die Verärgerung angedauert? Sprechen Sie mit der ganzen Familie darüber, wie man sich selbst erziehen könnte!

☞ Geduld und Ausdauer loben

Zappelt ihr Kind mächtig viel bei den Hausaufgaben? Fehlt es an Geduld und Ausdauer? Und deswegen sind Sie – zurecht – unzufrieden? Sie werden das ihrem Kind auch schon gesagt haben, oder es hat längst gespürt, daß Sie diese Eigenschaften vermissen. Hat Ihr Kind wirklich keine Geduld? Oder hat es nur keine Geduld bei den Hausaufgaben? Bei manchen Kindern ist es nämlich tatsächlich so, daß sie für die Hausaufgaben kein Quentchen Geduld oder Ausdauer aufbringen, wohl aber dort, wo sie weiterkommen wollen. Da wird mit einer bewundernswerten Ausdauer versucht, eine bestimmte Technik beim Skateboardfahren zu trainieren, die Suche nach einem verborgenen Schatz wird beim Computerspielen mit unendlicher Geduld Stunde um Stunde fortgesetzt, ohne daß man ein böses Wort hört. Toll. Wenn Sie bei Ihrer Tochter oder Ihrem Sohn solche Fähigkeiten beobachtet haben, dann sollten Sie das auch als Stärke betonen. Schon das Bewußtsein „Ich kann geduldig und ausdauernd bei einer Sache bleiben" kann einem Kind helfen, den einen oder anderen Tiefpunkt in Sachen Hausaufgaben zu überwinden.

Überhaupt tut es jedem Kind gut, wenn seine Eltern häufiger über seine Stärken als über seine Schwächen sprechen.

☞ Ein Frühwarnsystem aktivieren

Keine Mutter und kein Vater sollten sich darauf verlassen, daß die zuverlässige und verantwortungsvolle Arbeitshaltung ihres Kindes immer so erfreulich bleibt, wie sie im Moment vielleicht gerade ist. So schnell kann sich da etwas ändern. Das können neue Interessen sein, die ein Kind so in Anspruch nehmen, daß die Schule mächtig ins Hintertreffen gerät. „Schuld" können aber auch einige Lehrer sein, bei denen das Kind keine besonders guten Karten hat.

Marco hatte das ganze Halbjahr über ordentlich für Chemie gelernt, hat im Unterricht mitgemacht und dann trotzdem nur eine „Vier" im Zeugnis bekommen. Mit der Motivation war's dann erst mal aus. Er war frustriert, und er nahm sich vor, im zweiten Halbjahr nicht mehr so viel für dieses Fach zu arbeiten, denn eine „Vier", davon war er überzeugt, würde er auch dann bekommen, wenn er so gut wie nichts machte.

Diese Einstellung ist gefährlich. Denn dann kann es sehr schnell dazu kommen, daß ein Schüler nur noch ordentlich mitarbeitet, wenn die Belohnung in Form guter Noten auf dem Fuß folgt. Ansonsten, so die Logik des Schülers, hat der Lehrer Pech gehabt. So zu denken ist fatal, denn wenn's hart auf hart kommt, hat im Zweifelsfall der Schüler und nicht der Lehrer Pech. Zweitens macht sich der Schüler auf diese Weise zu abhängig vom Lehrer. Und drittens kann das nach und nach zur normalen Arbeitshaltung in allen Fächern werden. Und plötzlich merkt die ganze Familie, daß sie ein Problem hat: Hausaufgaben.

Da ist es schon besser, wenn rechtzeitig Vorsorge getroffen wird. Wenn sich bei einem Schüler zum zweiten oder gar zum dritten Mal Schwierigkeiten bei den Hausaufgaben in einem Fach ergeben, sollten Eltern hellhörig werden. Sofort nachhaken, woran es liegen könnte und aktiv werden.

8. Die Kunst der richtigen Pause

„Mein Gott, so schwer kann das doch wohl nicht sein! Pausen machen kann doch jeder!!" – Sollte man meinen, stimmt aber nicht. Das fängt bei den Workaholics an, die nach Hause kommen und immer noch die Arbeit im Kopf haben. Die nicht abschalten können, selbst wenn ihnen ihr Kind von einem tollen Erlebnis beim Schulausflug erzählt. Und das hört bei den Schulkindern nicht auf, die Tag für Tag von einem Programmpunkt zum anderen wandern und abends zu aufgedreht sind, um ruhig einzuschlafen.

Wann Pausen machen?

Kleine Kinder können sich noch nicht so lange auf Aufgaben konzentrieren, die ihnen von anderen gestellt werden. Wenn Ihre Tochter stundenlang mit dem Baukasten spielt, bedeutet das nicht, daß sie mit gleicher Hingabe und Konzentrationsfähigkeit eine Stunde lang ruhig an den Aufgaben sitzen kann. Einem Grundschulanfänger (wir haben das bereits im 3. Kapitel erwähnt) kann man im Durchschnitt bis zu 15 Minuten Konzentration zumuten. Die Konzentrationsdauer sollte sich bis zum 10. Lebensjahr auf etwa 30 Minuten verlängern, älteren Kindern ist entsprechend mehr zuzutrauen. Schön, wenn gerade Ihr Kind diese Vorgaben locker übertrifft. Bitte bedenken Sie: Diese Angaben sind nur Richtwerte.

In 15 bis 30 Minuten schaffen viele Grundschulkinder ihre Hausaufgaben nicht, und auch die älteren Kinder werden in der einen Stunde, für die ihre Konzentration vielleicht ausreicht, nicht immer fertig. Was tun?

Beobachten Sie die Lage. Wenn Sie den Eindruck haben, Ihr Kind schweift von seiner Arbeit ab, schaut besonders lange aus dem Fenster, spielt mit Krimskrams herum, rutscht auf seinem Stuhl hin und her, dann vergewissern Sie sich: Hat es schon eine Viertelstunde oder, bei älteren Kindern, eine halbe bis eine Stunde gearbeitet, und hat es noch einiges an Arbeit vor sich, dann schlagen Sie unbedingt eine Pause vor.

Muß nur noch ein Rechenpäckchen erledigt oder der letzte Satz des Aufsatzes geschrieben werden, dringen Sie darauf, daß Ihr Kind am Ball bleibt. 10 Minuten Pause, um anschließend noch drei Minuten zu arbeiten, sind natürlich Unfug.

Der Vorteil einer Pause, wenn Ihr Kind noch einen kleinen Arbeitsberg vor sich sieht: Es kann mit neuer Kraft an die Aufgaben gehen und traut sich – hoffentlich – mehr zu. Und es erledigt die verbliebene Arbeit schneller, als wenn es lust- und kraftlos am Tisch hängengeblieben wäre oder sich sogar in die Arbeit verbissen hätte. Eine – die richtige – Pause kann also insgesamt Zeit sparen helfen!

Wie Pausen machen?

Das Abc, mathematische Formeln, geometrische Figuren, Stadt, Land, Fluß, alles muß in unseren Kopf hinein, wenn wir in der Schule bestehen wollen. Fühlen, Beobachten, intuitives Empfinden kommen bei der Ausbildung eindeutig zu kurz. Da wir uns bzw. unserem Kind gerade den scheinbaren „Luxus" einer Pause erlauben wollen, können wir

wenigstens für diesen Moment etwas nachholen. Wichtig
wäre also, daß Ihr Kind in seiner Arbeitspause seinem Körper und seinem Gefühl folgen kann. Das kann bei jedem
Kind etwas anders aussehen.

☞ **Vom Arbeitsplatz aufstehen, sonst wird es keine richtige Unterbrechung.**

☞ **Ruhig ein wenig lümmeln.**
Helfen kann: aus dem Fenster starren, scheinbar gar nichts
machen.

☞ **Musik gezielt einsetzen.**
Musik hören kann die Entspannung unterstützen und
wohltuend von problematischen Gedanken ablenken.
Wichtig ist, daß die Musik zeitlich begrenzt ist. Also gar
nicht erst das 20minütige Space-Age-Stück auflegen, sondern etwas Kürzeres, da sonst die Pause zu lange dauert.
(Vielleicht interessieren Sie in diesem Zusammenhang
auch einige Überlegungen zum Musikhören während der
Hausaufgaben, die Sie ab Seite 48 finden.)

☞ **Etwas essen und trinken.**
Der – natürlich ungesunde, aber leckere – Schokoladen-
pudding kann die verdiente Belohnung nach den vertrack-
ten, aber bewältigten Matheaufgaben sein, der Saft die
dringend benötigte Erfrischung. Eine Eßpause hat den Vorteil, daß Ihr Kind sich auf das Essen wirklich konzentriert
und sich nicht beim Arbeiten einfach irgend etwas hek-
tisch in den Mund stopft. Vorsicht, es darf nur wenig oder
leichte Kost sein, die den Magen nicht beschwert und den
Kopf beim Denken nicht behindert.

☞ **Achten Sie auf zeitliche Begrenzung.**

Ein Super-Power-Drink aus pürierten Bananen, gepreßten Orangen, Milch und Gewürzen kann ein toller Energiespender sein. Wenn Ihr Kind aber zur Herstellung seiner kulinarischen Kreation eine halbe Stunde in der Küche verbringt und vielleicht noch eine Viertelstunde lang dort das Chaos beseitigen muß, dann ist der Moment zwischen zwei Hausaufgaben der falsche dafür. Lieber in der Pause alles liebevoll zurechtlegen und an die Aufgaben zurück. Hinterher winkt dann die ultimative Erfrischung.

☞ **Grundsätzlich gilt:**

Je länger die gesamte Arbeitszeit, desto länger sollte die Pause dauern. Bei einem Grundschulkind müßten 10 Minuten ausreichen, bei einem Kind an einer weiterführenden Schule können 20 bis 30 Minuten zum Abschalten nötig sein.

Eine noch längere Pause birgt die Gefahr, daß der Schüler, die Schülerin, statt sich „einfach nur" zu entspannen, komplett in ein neues Thema einsteigt. Hier sollten Sie diskutieren und über Vor- und Nachteile von langen und kurzen Pausen sprechen. Schließlich wollen Sie gemeinsam einen zerhackten Nachmittag – 30 Minuten Hausaufgaben, 20 Minuten Pause, 10 Minuten Aufgaben, 15 Minuten Telefonat, 10 Minuten Aufgaben, 20 Minuten Einkaufen gehen ... – vermeiden. Solche Nachmittage sind einfach zermürbend. Am Ende sind alle frustriert, weil nichts richtig zu Ende gebracht und auch nichts Schönes erlebt wurde.

☞ **Telefonieren mit Freunden und Schulkameraden ist sehr ungünstig.**

Es lenkt stark ab, vor allem kann die Dauer eines solchen Telefonats schlecht kontrolliert werden. Plötzlich gibt es ganz viel zu besprechen, und die Aufgaben sind völlig vergessen. Telefonate unbedingt auf die Zeit *nach* den überstandenen Hausaufgaben verschieben! Auch Anrufe abblocken. Selbst Kinder können schon lernen zu sagen, daß sie später zurückrufen werden.

☞ **Da wir gerade bei ungünstigen Pausenbeschäftigungen sind:**
Kontraproduktiv sind auch fernsehen, Radio hören oder ein Computerspiel anmachen. Das liegt an zwei Faktoren, die bei all diesen elektronischen Medien auftreten.

Erstens: Man findet zwar schnell einen Anfang (man drückt einfach auf den Knopf), aber nur schwer ein Ende. Die Pausenbeschäftigung steht also unter dem Druck, jeden Moment aufhören zu müssen, aber nicht zu wollen (im anderen Programm beginnt gerade eine neue Sendung ..., gleich kommt wahrscheinlich mein Lieblings-Song ..., jetzt wenigstens noch eine Stufe weiter im Computer-Spiel ...). Nicht sehr entspannend.

Zweitens sind diese Beschäftigungen zum größten Teil fremdbestimmt. Ich schaue oder höre mir an, was andere mir vorsetzen. Sehr viel wohltuender, das Selbstbewußtsein und die Energie stärkender sind Beschäftigungen, die ich mir selbst suche und bei denen ich Tempo und Rhythmus bestimme.

Kinder argumentieren gern, daß sie ihr Computerspiel selbst in der Hand hätten, auch das Tempo selbst bestimmen könnten. Doch wer die Anspannung in ihren Gesichtern gesehen hat, weiß, daß es beruhigendere Pausenbeschäftigungen gibt.

Die Pausenbeschäftigung darf nicht dazu führen, daß sich Ihr Kind erst von der Beschäftigung erholen muß, bevor es sich wieder an die Aufgaben setzen kann!

☞ **Das Haustier kraulen.**

Ein Gespräch mit dem Hamster, Wellensittich oder Dackel kann helfen, die Dinge wieder geradezurücken. Eben fühlte sich Ihr Sohn noch ganz unsicher bei diesen Grammatikfragen, jetzt wird er ernstgenommen. Ein guter Hausfreund hört zu, freut sich über die Zuwendung und stellt keine „pädagogischen" Fragen. Für ein paar Minuten kann man die Aufgaben wirklich vergessen.

☞ **Entspannungs- und Konzentrationsübungen:**

Etwas ältere Schüler können sich mit einfachen Tricks ganz gezielt entspannen. Kleinere Kinder sind Ihnen vielleicht für eine Anleitung zum „Abschalten" dankbar. Ab Seite 123 haben wir Entspannungs- und Konzentrationsübungen zusammengestellt, die sich für Schulkinder bewährt haben. Probieren Sie sie doch einmal zusammen aus.

Teil II:
Wie lernt mein Kind am besten?

9. Den Lernstoff hören, sehen, anfassen
Oder: Warum es wichtig ist, die verschiedenen Sinne anzusprechen

Viele Wege führen nach Rom

So, und nun soll's losgehen. Der Schreibtisch sieht ganz manierlich aus, der kleine Schüler ist nicht zu müde, nicht zu satt, nicht zu frustriert, sondern im Gegenteil: Er ist durchaus gewillt, jetzt mit seinen Hausaufgaben zu beginnen! Mal schauen, was alles so ansteht: in Deutsch „Charakteristik der Lina Paule in Wertmanns Erzählung ‚Das Seeunglück'".

So lautet diese Aufgabenstellung, und nicht wenige Schüler sind in diesem Augenblick mit ihrem Latein am Ende. Keine Idee, wie so eine Charakterisierung aussehen soll, keine Idee, was da alles reingehört.

Hier an dieser Stelle wollen wir einspringen und mit ein paar Überlegungen den Arbeitsprozeß in Gang bringen. Es ist wie mit einer elektrischen Kaffeemühle: Oben haben wir die Kaffeebohnen hineingegeben, haben auf „On" oder „Start" gedrückt, aber nichts rührt sich. Kann ja mal passieren. Was tun Sie jetzt in dieser Situation? Schimpfen oder wütend werden? Wir wissen alle, daß man damit kein bißchen weiterkommt. Nein, wir müssen herausfinden, wo die Ursache des Nichtfunktionierens liegt. Aber bevor wir den Apparat auseinandernehmen, sollten wir erst einmal prüfen, ob wir neben den Kaffeebohnen vielleicht aus Versehen den Löffel hineingeworfen haben? Oder steckt der Stecker gar nicht?

Auch auf die Erledigung der Hausaufgaben trifft das zu, was mit dem bekannten Sprichwort „Viele Wege führen nach Rom" ausgedrückt wird.

Man kann mit dem Flugzeug nach Rom fliegen, mit dem Auto, dem Fahrrad oder der Bahn fahren, man kann den Seeweg nehmen, zu Fuß gehen oder reiten. Darüber hinaus kann man über Österreich, die Schweiz, Frankreich, von Jugoslawien oder Spanien aus, von Marokko oder Tunesien ins Land, wo die Zitronen blühen, gelangen. Wem es beim Autofahren schlecht wird, der sollte vielleicht lieber das Pferd oder den Elefanten nehmen, wer nicht gern so lange unterwegs ist, der sollte am besten einen Flug buchen. Oder man fliegt erst mit dem Flugzeug, mietet sich dann ein Fahrrad und steigt schließlich in den Zug ein. Wie es jedem am besten gefällt. Hauptsache, man kommt an!

So ungefähr ist es auch mit den Hausaufgaben: Da muß jeder Schüler für sich herausfinden, wie er am besten lernen kann. Und je nach Schulfach und Jahreszeit kann eine andere Reisemethode die richtige sein.

Für den Anfang ist es ganz wichtig, daß sich der Schüler Zeit nimmt, genau zu überlegen, was mit der Aufgabenstellung gemeint sein könnte. Meistens reicht ein kleiner, aber wichtiger Augenblick: „Charakterisierung ... das heißt doch beschreiben, wie jemand aussieht und was für ein Mensch das ist, ja, darum geht's also."

Aber selbst dann, wenn die Aufgabenstellung als solche verstanden wurde, heißt das nicht automatisch, daß die Hausaufgabe von da an hopplahopp erledigt werden kann. Jetzt geht's darum, *wie* die Aufgabe gelöst wird. Und da scheiden sich die Geister bzw. gehen die Lernwege der Schüler auseinander. Die einen kommen flott voran, wenn sie sich ganz viele Stichwörter auf ein Blatt Papier schreiben, die ihnen so spontan zu Lina Paule einfallen.

Ein anderer Schüler, Marco, versucht sich diese Person bildlich vorzustellen. Seine Lehrerin fragt im Unterricht die Schüler oft, wie sie diese oder jene Figur aus der jeweiligen Erzählung malen würden. Während Marco darüber nachdenkt, ob Lina Paule rote oder schwarze Haare hat, ob sie jung oder alt ist, erinnert er sich automatisch an viele Einzelheiten aus der Lektüre, die Aufschluß über das Aussehen und die Persönlichkeit der Figur geben. Vor seinen Augen wird Lina Paule richtig lebendig, sie bekommt Haare, Augenfarbe, einen Mund, einen Körper und eine Persönlichkeit. Obwohl Marco sich gewissenhaft auf die Hinweise aus dem Text bezieht, hat er „seine" Lina Paule erschaffen. Jetzt kann er sie gut mit Worten beschreiben.

Jessica, eine Schülerin, die auch mit dieser Hausaufgabe beschäftigt ist, geht anders vor. Sie schließt die Augen, um sich besser an das zu erinnern, was sie über Lina Paule gelesen hat. Auch Susanne sitzt grübelnd vor den Hausaufgaben, und der Anfang will nicht recht gelingen. Da erinnert sie sich an eine frühere Deutschlehrerin. Die hatte ihre Schüler oft aufgefordert, sich vorzustellen, sie seien Schauspieler und sollten eine Figur aus der Erzählung oder dem Roman in einem Fernsehfilm spielen. Das ist der zündende Funke für Susanne. Sie schlüpft im Geiste in die Rolle einer Schauspielerin und denkt darüber nach, wie sie diese Lina Paule darstellen würde. Alles, was ihr dazu einfällt, hält sie stichwortartig auf einem Blatt Papier fest, und so bekommt sie eine umfangreiche Materialsammlung.

Andere Kinder gehen vielleicht ganz nüchtern an die Aufgabe. Sie nehmen sich den Text noch einmal zur Hand und suchen nach Stellen, aus denen eine direkte oder indirekte Charakterisierung der Lina Paule hervorgeht. Sandra wiederum kommt mit Deutschaufsätzen immer dann am besten zurecht, wenn sie ihrer Mutter oder einer anderen Person erzählt, was sie schreiben will. Während des Erzählens formen sich ihre Gedanken, werden ihr bestimmte Zusammenhänge überhaupt erst bewußt.

Den eigenen Lerntyp kennenlernen und stärken

In der Schule wird von den Kindern verlangt, daß sie neuen Lernstoff in erster Linie hörend verstehen. Meist spricht der Lehrer, und die Schüler müssen eben einfach zuhören. Was aber, wenn ein Schüler über diesen einen Lernkanal eher schlecht lernt? Vielleicht ist er ein visueller Lerntyp, der viel über Bilder begreift?

Wenn ein Schüler für sich herausfindet, daß er in einem bestimmten Fach den Stoff am besten versteht und behält, wenn er ihn zuhörend in sich aufnimmt, dann heißt das aber nicht, daß dieser Schüler jeden anderen Stoff auch zuhörend am besten verarbeitet. Das kann von Fach zu Fach und von Aufgabe zu Aufgabe verschieden sein. Marco hat die Charakterisierung der Lina Paule deswegen so gut hinbekommen, weil vor seinen Augen ein wunderbares Gemälde von dieser Frau entstanden ist. Aber er weiß, daß er für den Lernstoff im Fremdsprachenunterricht kein visueller Lerntyp ist. Da helfen ihm Hörcassetten ganz phantastisch. Es macht ihm Spaß, Kopfhörer aufzusetzen und Hör- und Sprechübungen zu machen. Auch neue Wörter und neue grammatische Strukturen eignet er sich am liebsten auf diesem Wege an.

Seine Freundin Beate dagegen machen die Cassetten eher nervös. Sie kann auf die fremdsprachlichen Aufforderungen nicht so schnell reagieren und versteht auch die Bedeutung neuer Wörter oder neuer Satzbaupläne nicht, wenn diese lediglich über Beispiele eingeführt werden. Sie ist so ein Lerntyp, der sich das erst mal im Buch anschauen muß und dann möglichst noch ins Heft übertragen. „Von der Hand in den Kopf", sagt sie immer, wenn Marco behauptet, die Abschreiberei sei doch völlig sinnlos. Aber was für den einen Schüler wie eine sinnlose Zeitvergeudung aussieht, stellt für den anderen eine große methodische Hilfe dar.

Es ist also sehr wichtig, daß Ihr Sohn und Ihre Tochter erkennen, was für ein *Lerntyp* sie sind. Die eigenen Lernmethoden sollte man unbedingt verstärkt einsetzen, so wie die oben beschriebenen Kinder es tun. Gleichzeitig kann Ihr Kind daran arbeiten, zusätzliche Lernwege zu erproben, die es bisher vielleicht vernachlässigt hat. (Schauen Sie sich dazu auch die Grafik auf Seite 92 an.)

Die Frage ist nur: Wie finde ich heraus, was für ein Lerntyp ich bin? Die Antwort: Ausprobieren! Sie müssen sich klar machen, daß uns für den Lernvorgang verschiedene Sinne zur Verfügung stehen: Wir lernen durch Sehen, durch Hören, durch Sprechen, durch Riechen und durch

Anfassen. Das sind unsere fünf Sinne, die im Idealfall alle am Lernprozeß beteiligt sind. Wenn man Schülern kommentarlos im Unterricht eine unbekannte exotische Frucht auf ihren Arbeitsplatz legt, sehen sich die meisten Kinder dieses Objekt zuerst an, nehmen es dann in die Hand, riechen oder schmecken daran und halten es an ein Ohr, um zu hören, ob innen etwas rappelt. Fast schon instinktiv werden alle Sinne bemüht. Was aber für die unbekannte Frucht richtig ist, kann für Chemie- oder Englischaufgaben nicht falsch sein. Grundschullehrer arbeiten sehr häufig nach der Methode „Aktivierung aller Sinne": Da werden Zahlen gelesen, geknetet, gesprochen, und vielleicht sogar gegessen (wenn es sich um eine „5" aus Marzipan handelt)

LESEN: 10% wird behalten

HÖREN: 20% wird behalten

SEHEN: 30% wird behalten

HÖREN UND SEHEN: 50% wird behalten

SELBST DARÜBER SPRECHEN: 70% wird behalten

SELBST AUSPROBIEREN UND AUSFÜHREN: 90% wird behalten

Vielleicht werden Sie jetzt einwenden, daß man sich zwar gut vorstellen kann, daß der größtenteils doch sehr anschauliche Lernstoff der ersten Schuljahre über verschiedene Sinne in das Gedächtnis Eingang findet; wie aber soll man zum Beispiel ein Gedicht anfassend, schmeckend, hörend und sehend lernen, geschweige denn verstehen?

Was das Schmecken und Anfassen betrifft, so wird es hier in der Tat schwierig. Um so mehr Mühe sollten sich die Schüler machen, um die anderen infrage kommenden Lernkanäle zu aktivieren. Die Kinder sehen zwar den gedruckten Text vor sich, aber das muß ja noch nicht das ganze Sehen gewesen sein. So manchem Schüler hilft es, das Gedicht noch einmal schön abzuschreiben, vielleicht sogar mehrfarbig (bestimmte Inhalte werden in verschiedenen Farben geschrieben oder markiert). Wer sich ein Gedicht leichter über Bilder einprägt, kann ja neben die verschiedenen Strophen kleine Bilder malen, die Bezug auf den Inhalt nehmen. Das Gedicht rollt dann fast wie ein Film vor dem geistigen Auge ab. Schlagen Sie Ihrem Kind diese Methode einmal vor.

Und Monde gehn. Es schmolz der Schnee,
Der Sommer kam zu Gast,
Dreihundert Schiffe fahren in See,
Jung-Harald steht am Mast,
Er steht am Mast, er singt ein Lied,
Bis sich's im Winde brach,
Das letzte Segel, es schwand, es schied, –
Gorm Grymme schaut ihm nach.

So malte Christoph neben die Strophe fünf Schiffe, deren Segel sich im Wind blähten. Am Himmel standen vier Monde, am Ufer winkte ein alter Mann dem Jungen zu, der auf dem vordersten Schiff groß und deutlich zu erkennen war. Sein eigenes Bild hatte er immer deutlich im Kopf, wenn er die Strophe aufsagen mußte.

Für alle Kinder gilt: Je mehr Lernkanäle genutzt werden, desto mehr Schulstoff kann aufgenommen werden. Und vor allem: Je mehr Schüler beim Lernen und Üben selber machen und ausprobieren, desto besser können sie sich den Lernstoff merken. Die Grafik zeigt das ganz deutlich.

Die große Rolle von Gefühlen beim Lernen

Als Melanies Geschichtslehrer mit dem Thema „Französische Revolution" begann, hatte das 13jährige Mädchen einen schlechten Tag. Zwei Physikaufgaben sollten bis zur nächsten Stunde erledigt sein, und genau das hatte Melanie vergessen. Da sie normalerweise in diesen Dingen sehr gewissenhaft war, war ihr die Situation peinlich. Und so nahm sie ausnahmsweise das Angebot ihrer Freundin an, während des Geschichtsunterrichts heimlich die fehlenden Aufgaben abzuschreiben.

Sie hatte Pech, der Geschichtslehrer entdeckte die illegale Beschäftigung und tobte. Melanie war ziemlich fertig, beschämt und verängstigt. Dem Unterricht konnte sie nicht mehr folgen. Sie hörte den Lehrer über die Unruhen in Paris im Jahre 1789 sprechen, verstand aber die Bedeutung des Gesagten nicht. Seine Stimme, seine Gesichtszüge, seine Gestik, dazu dieser Inhalt, das alles vermischte sich zu einer schwer verdaulichen Kost, die wie ein Stein schwer und drückend im Magen lag. Selbst Jahre später erinnerte sich Melanie immer sofort an dieses beklemmende Gefühl, wenn in ganz anderen Situationen jemand von den Ereignissen der Französischen Revolution sprach. Melanie schwante, daß es ihr möglicherweise nie mehr gelingen würde, das Sachthema von diesem unangenehmen Beigeschmack zu lösen.

Ein Lernstoff wird in einer bestimmten Situation präsentiert, und wir nehmen diese Situation mit in unser Gedächtnis auf. Sie kennen das sicher schon aus eigener Erfahrung: Man hört einen alten Schlager im Radio, und in dem Moment muß man an alte Schulkameraden denken, mit denen man vielleicht diese Musik gehört hatte. Oder Sie nehmen einen seltenen Geruch wahr, und im gleichen Moment steigen Erinnerungen aus einem Ferienlager auf, in dem Sie vor 30 Jahren ein paar unvergeßliche Tage erlebten. Dort haben Sie den Geruch zum ersten Mal kennengelernt. Ob die Wahrnehmung des Geruches Sie in eine angenehme Stimmung versetzt oder ein eher belastendes Gefühl in Ihnen auslöst, hängt wesentlich davon ab, in was für einer Situation Sie sich befunden haben, als Sie das Neue in Ihr Gedächtnis aufnahmen. Zusammen mit dem Neuen prägte sich eben auch die ganze Situation, die Atmosphäre in Ihr Unterbewußtsein ein. Später dann drängt sie sich oft ungerufen wie eine erfreuliche oder lästige Begleitung einer Erinnerung auf.

Man muß sich immer wieder klarmachen, daß unser Gedächtnis nicht wie ein Computer funktioniert, in dem alle Informationen fein säuberlich getrennt in verschiedenen Dateien gespeichert werden. Unsere Erinnerungen hängen alle miteinander zusammen, Zeit scheint aufgehoben, Kleinigkeiten stehen gleichberechtigt neben Bedeutendem. Manchmal gerät auch einiges ganz schön durcheinander.

Es ist auch nicht so, daß bestimmte Erinnerungen einen festen Platz im Gehirn hätten. So etwa: linke Gehirnhälfte, fünfte Windung rechts – dort befinden sich französische Vokabeln. Die Gehirnforschung ist ein interessantes Gebiet, und wir erfahren dort viel über unser Denken und damit über uns selbst. Im Rahmen dieses Buches müssen wir uns auf den Zusammenhang von Gefühlen und Hausaufgaben beschränken.

Wir haben oben die Geschichte von Melanie erzählt, die, sobald sie etwas von der Französischen Revolution hört, liest oder sieht, an die unangenehme Situation mit ihrem alten Geschichtslehrer erinnert wird. Ihre Kenntnisse über die Ereignisse und Hintergründe dieser Epoche sind übrigens nicht sehr umfassend. Verwunderlich ist das nicht. Als sie sich seinerzeit in der mißlichen Lage befunden hatte, hatte sie Angst. Und Angst, das wissen wir alle, blockiert unsere Denkfähigkeit. Wie leere Worthülsen kamen ihr damals die Erläuterungen ihres Lehrers vor. Viel hängengeblieben ist da nicht. Und später setzte der Streßmechanismus immer wieder von neuem ein, wenn sie sich mit diesem Thema beschäftigen wollte.

Wenn Sie das nächste Mal so recht genervt sind von der scheinbaren Unfähigkeit Ihrer Tochter, mit einer eher einfach anmutenden Aufgabe fertig zu werden, dann denken Sie mal an das hier Gelesene. Vielleicht steht Ihre Tochter ja genauso wie Melanie unter Streß, und Angst blockiert sie. Vielleicht ist es nichts Aktuelles, und Ihre Tochter weiß selbst nicht, warum sie nicht vorankommt. Das verunsichert umso mehr.

Wie aber die Blockade durchbrechen? Man kann als Schüler schließlich nicht ewig mit der Entschuldigung herumlaufen, der Matheunterricht in der zweiten Klasse sei mit einem Schock verbunden gewesen, und deshalb könne man in diesem Fach nichts mehr zustandebringen. Der Lernstoff muß mit erfreulicheren Begleitern in Verbindung gebracht werden. Das alte Programm wird dann zwar nicht gelöscht, aber in seiner Bedeutung gemindert. Wenn Melanie zum Beispiel durch einen interessanten Film, ein fes-

selndes Buch, ein erstaunliches Gemälde, einen unge-
wöhnlichen Gegenstand doch noch einmal neugierig auf
dieses Thema werden würde, dann hätte sie einen neuen
Zugang gefunden, neue, erfreulichere Begleitassoziationen
wären entstanden.

Am schönsten wäre natürlich, wenn ein anderer
Mensch ihr Interesse für geschichtliche Ereignisse neu
wecken könnte, eine geschichtsbewußte und geliebte
Tante beispielsweise oder ein neuer, sympathischer Lehrer, der einen Ausflug mit der Klasse macht und dabei auch
historische Stätten besucht.

In diesem Sinne können auch Sie Ihrem Kind behilflich sein. Wenn Sie merken, daß Ihr Sohn blockiert ist,
wenn irgend ein Streß das Verständnis verbaut, dann helfen Sie ihm, einen neuen, anderen Weg zu finden. Wichtig ist dabei, daß Sie verschiedene Lernkanäle aktivieren.
Und daß Sie Einzelheiten in einen größeren Zusammenhang stellen.

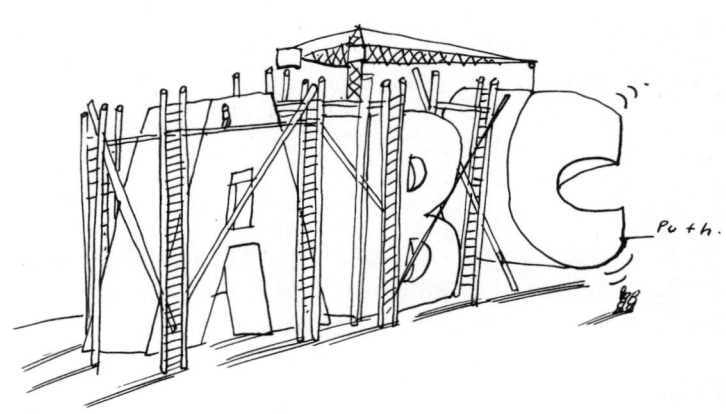

Eltern geben Impulse

Die Erkenntnis, daß neuer Lernstoff an Altes, Vertrautes, Bekanntes angeknüpfen sollte, dürfte sich inzwischen herumgesprochen haben. Das Problem liegt auch nicht darin, daß dieser Grundsatz in Frage gestellt wird, sondern darin, daß diese Forderung in der Schule immer und immer wieder sträflichst mißachtet wird. Und so kommt es, daß Schüler immer wieder ratlos zu Hause sitzen und nicht wissen, worum es eigentlich geht. Hier können Eltern sinnvoll Hilfestellung geben. Setzen Sie die richtigen Impulse, um Ihre Tochter und Ihren Sohn zu motivieren, sich Zusammenhänge klarzumachen. Oftmals fehlen nur kleine Verbindungsscharniere, und schon fügen sich isolierte Details gut zusammen.

Da nicht jede Mutter ein Geschichts-Aß ist und Eltern ja auch gar keinen Nachhilfeunterricht geben sollen: Helfen Sie Ihrem Kind, sich selbst Informationen zu suchen.

Bewährt haben sich:
■ Nachschlagewerke (ist Ihr Haushalt gut mit informativen Büchern ausgestattet?),

■ Besuche an informativen Orten, zum Beispiel auf Bauernhöfen, in Werkstätten, am eigenen Arbeitsplatz, in Museen und Ausstellungen,

■ Gespräche mit Verwandten und Bekannten, die entsprechende Berufe, Ausbildungen oder Interessen haben, seien das nun Bäcker oder Physikerinnen,

■ Lernprogramme für den PC (lassen Sie sich im Fachhandel beraten und von Lehrern Tips geben, denn leider gibt es auch viel Unfug im Software-Angebot),

■ Teamwork: Schüler, die in Gruppen neuen Stoff erarbeiten, erreichen oft mehr, als wenn jeder einzeln arbeitet; Teamwork scheint mehr Zeit in Anspruch zu nehmen, es wird viel gealbert, die besseren Ergebnisse sind es aber meist wert; vor allem merken sich Kinder das viel besser, was sie mit anderen besprochen und durchprobiert haben.

10. „Immer dieses Auswendiglernen!"
Tips zum Vokabelpauken, Gedichte Auswendiglernen und für alles andere, was nun mal in den Kopf muß

Unglücklicherweise behalten wir die Wörter einer fremden Sprache nur selten so nebenbei; meist müssen wir Vokabeln pauken, bevor wir mitreden können. Doch glücklicherweise gibt es ein paar wirkungsvolle Methoden, wie wir uns die fremden Wörter gut merken können.

Auch wenn Ihr Kind keine Probleme mit der Fremdsprache hat, sollten Sie ihm einige Kniffe zeigen. Gerade Kinder, denen *am Anfang* alles zufällt, wissen *später*, wenn der Lernstoff immer umfangreicher wird, gar nicht, wie sie ihn bewältigen sollen.

Was für die Wörter einer fremden Sprache gilt, trifft meist auch auf schwierige Begriffe in Sachkunde, Biologie, Physik und anderen Fächern zu. Irgendwie müssen sie in den Kopf hinein. Was mußten wir als Kinder Flüsse, Berge, Pflanzenarten und mathematische Definitionen auswendig lernen! Heute geht es den Schulkindern, ungeachtet verschiedenster Schulreformen, nicht viel anders. Pauken darf kein Selbstzweck sein; aber ohne immer wieder stur auswendig zu lernen, kommt man nicht erfolgreich durch die Schule.

Viele Hinweise zum Vokabellernen lassen sich auch auf schwierige Wörter in anderen Fächern übertragen. Sie sollten mit Ihrem Kind ein wenig herumprobieren, um herauszufinden, wie es am liebsten und am schnellsten lernt. Die eine „beste" Methode gibt es nicht.

☞ Nicht zu viele Wörter auf einmal lernen!

Ihr Kind muß 23 neue Vokabeln lernen? Sieben auf einen Streich sind genug! Nicht 10 Wörter oder mehr runterrattern, sondern nur 5 bis 7. Je weniger Vokabeln wir auf einmal lernen, desto mehr behalten wir. Erst wenn die ersten 5 bis 7 richtig sitzen, die folgenden 5 bis 7 vornehmen. Gut wäre jeweils eine kleine Pause, doch das kann die Hausaufgabenzeit ganz schön verlängern. Vielleicht zwischendurch die Zeichnung für Bio zu Ende malen, dann weiter mit dem nächsten Vokabelpäckchen.

☞ Merkwürdige Vokabeln merke ich mir.

Diesen Spruch haben wir von einem erfahrenen Lehrer. Er empfiehlt seinen Schülerinnen und Schülern: Wenn eine Vokabel einfach nicht in deinen Kopf hinein will, denk dir eine merkwürdige Geschichte dazu aus. Zum Beispiel: Du kannst dir das schöne Wort *jealousy* (englisch für Eifersucht) nicht merken. Es klingt aber auch wirklich ganz anders als die deutsche Übersetzung. Nun, wenn du eifersüchtig bist, gehen bei dir die *Jalousien* runter, du machst dicht, bist nicht mehr ansprechbar, nur noch wütend. Was, du hast gar keine Jalousien, nur Gardinen? Warte nur, bis die *jealousy* auch dich erwischt ...

Wissen Sie schon, worum es geht? Helfen Sie Ihrem Kind, zu schwierigen Vokabeln merkwürdige Eselsbrücken zu bauen. Wenn Ihr Kind den Dreh erstmal raus hat, kann es die seltsamen Bilder selber suchen. Denn dadurch prägt es sich ja gerade die neuen Vokabeln ein.

Besonders Geschickte erfinden ganz Geschichten. Soll etwas ganz *plötzlich* passieren, ruft der alte Römer: *subito!* Für dieses merkwürdige Wort kann man sich eine lange Geschichte ausdenken. Der Zauberer Subito hatte es sich zum Ziel gesetzt, die Römer, weil sie nicht in seine Vorführungen kommen wollten, gehörig zu erschrecken.

Gerade war er noch unsichtbar gewesen, da erschien er mit einem Donnerschlag mitten auf dem Forum Romanum. Erschreckt schrien die Leute: „Da ist er, Subito!" Oder er erschien plötzlich vor der Haustür eines hohen Würdenträgers, gerade als dieser sein Haus betreten wollte. „Subito!" rief der alte Herr. Und so plötzlich, wie er gekommen war, verschwand er auch wieder, der Zauberer Subito.

Man kann sich natürlich auch etwas kürzer fassen: Jetzt aber ein bißchen *plötzlich*, bitte schön! Jetzt komm endlich in meinen Kopf, blöde Vokabel, aber subito!

☞ Das Bilderdenken

Der Lernstoff wird in der Schule zum größten Teil einseitig vermittelt: mit abstrakten Informationen statt mit Anschauung. Das liegt vor allem natürlich daran, daß die Inhalte im Klassenzimmer gelehrt werden statt am Ort des Geschehens. Die Französische Revolution findet dann in den Köpfen statt, mittels Zahlen und Fakten, und nicht vor den Augen, Ohren, Händen.

So wird nur die eine Gehirnhälfte, die linke, gefordert. Wie können wir die rechte Gehirnhälfte beim Lernen mit einbeziehen? Indem wir mit Bildern denken. Welche Uhrzeit können Sie sich besser merken: die auf einer digitalen Anzeige, beispielsweise 8:30? Oder die Zeit, die von einer „altmodischen" Uhr mit rundem Ziffernblatt gezeigt wird? Der lange Zeiger zeigt ganz nach unten: Aha, es ist halb. Der kleine Zeiger steht zwischen 8 und 9. Na gut, halb neun. Ein einfaches Beispiel, zugegeben. Aber Anschauung hilft. Probieren Sie es ruhig einmal aus.

Ihr Kind muß die Funktion der Lunge auswendiglernen. Wie sieht die Lunge aus? Lieber Tobias, stell dir beispielsweise die Flügel eines Vogels vor, so merkst du dir besser, daß die Lunge aus zwei Lungen*flügeln* besteht.

In dem Buch „So lernen Kinder besser" haben wir ein schönes Beispiel dafür gefunden, wie Kinder sich den Magen vorstellen können. „Der Magen ist ein *Beutel* (...) und liegt in der linken Bauchhälfte. Er sieht aus wie ein *Würstchen* und kann sich aufblähen wie ein *Luftballon*, wenn du gegessen hast."

Die höchste Erhebung im Landkreis und der längste Fluß, diese Daten merkt man sich am besten, indem man eine kleine Landkarte zeichnet. Oder ein buntes Bild, das man beschriftet, denn der Berg soll ja einen Namen haben.

Schön, wenn ein Kind selbst passende Bilder findet, denn dann merkt es sich den Lernstoff noch viel besser.

📖 **Buchtip:**
Gela Brüggebors, So lernen Kinder besser. Mentale Fähigkeiten fördern, Lernhemmungen beheben, Reinbek bei Hamburg 1992/1996

☞ **Technische Möglichkeiten nutzen**

Ihr Kind kann neue Vokabeln auf Kassette aufnehmen, dabei mit kleinen Pausen sprechen. Beim Abspielen nach jeder Vokabel die Übersetzung nennen. Anschließend umgekehrt: Die gleichen Vokabeln auf Deutsch sagen, beim Abspielen zu jedem Wort die fremdsprachige Übersetzung nennen.

Für gut motivierte Schüler: Stoppe die Zeit. Wie viele Vokabeln schaffst Du in 30 Sekunden, abgespielt und die richtige Übersetzung dazu genannt?

Lernstoff, zum Beispiel in Physik, als Lückentext auf Kassette sprechen. „Zum Stromkreis gehören ..." Drei Sekunden Pause. Beim Abhören muß das Schulkind hier die Fortsetzung des Satzes nennen. – Diese Methode taugt leider nur zum Auswendiglernen, nicht zum *Verstehen* des Schulstoffs.

☞ **Neue Vokabeln in Tabellenform am PC eingeben**

Auf korrekte Schreibung achten. Liste ausdrucken und deutsche Übersetzungen aus dem Kopf dahinterschreiben. Bei welchen Vokabeln gibt es Probleme? Dann neue, kleinere Liste eingeben, mit den noch nicht sicher gewußten Vokabeln. Diese dabei neu lernen. Wieder ausdrucken, wieder deutsche Übersetzungen (ohne Pfuschen!) dahinterschreiben. Wie viele nicht gewußte Vokabeln bleiben übrig? Diese wieder eingeben, dabei Übersetzung einprägen. Liste wieder ausdrucken, mit deutschen Übersetzungen versehen. Und so weiter, bis höchstens drei Vokabeln übrig bleiben. Diese mit Übersetzung ordentlich auf ein Papier schreiben, an den Badezimmerspiegel kleben oder aufs Kopfkissen legen, vor dem Einschlafen gut einprägen.

Am nächsten Tag mit den gleichen Vokabeln das umgekehrte Spiel. Liste auf deutsch eingeben, ausdrucken, fremdsprachige Übersetzung danebenschreiben. Allein durch das Aufschreiben prägen sich die Wörter viel besser ein, als wenn man sie nur wieder und wieder liest.

Falls kein PC zur Hand ist, geht es natürlich auch mit dem guten alten Stift. Etwas am Computer eingeben und dann ausdrucken macht Kindern aber meistens mehr Spaß.

Achtung: Vokabeln müssen immer in beide Richtungen gelernt werden! Schließlich will ich nicht nur verstehen, was der ärgerliche Polizist zu mir sagt, ich will auch antworten können.

📖 **Buchtip:**
Sebastian Leitner, So lernt man lernen. Herder/Spektrum Band 4354.

☞ Die Vokabelkartei

Immer gern empfohlen wird dieses bewährte Hilfsmittel. In einem – gern auch selbstgebastelten – Karteikasten werden Karteikarten mit Vokabeln stückweise so lange in hintere Fächer verpflanzt oder bei Nichtmerken wieder hervorgeholt, bis auch die letzte Vokabel hängengeblieben ist.

Der große Vorteil dieses Verfahrens: Einmal gelernte Vokabeln müssen nicht ständig wiederholt werden, widerspenstige Wörter erscheinen dagegen immer und immer wieder, bis sie endlich im Kopf sind. Der große Nachteil: Wer macht sich die Mühe und überträgt ständig die immer zahlreicher werdenden Vokabeln auf Karteikarten?

Wir empfehlen Ihnen daher die *Light*-Variante: Wenn Ihr Kind einmal besondere Schwierigkeiten mit einzelnen Vokabeln (oder auch Geschichtsdaten, mathematischen Formeln, Rechtschreibregeln oder oder) hat, dann lassen Sie es jede Vokabel (oder jeden Wissensbrocken) auf einen Zettel schreiben. Karteikarten bieten sich dafür an, weil sie ein handliches Format haben und aus leichtem, stabilem Karton sind.

Ihr Kind muß einigermaßen ordentlich schreiben und unbedingt auf die richtige Schreibweise achten. Auf die Rückseite kommt die Übersetzung bzw., wenn es sich um anderern Lernstoff handelt, die Erklärung.

Jetzt nimmt es die Karten in einen Stapel und geht sie einzeln durch. Es liest die Vokabeln laut und spricht die Übersetzung. Etwas Nachdenken ist natürlich erlaubt. Sofort gewußte Vokabeln werden sofort zur Seite gelegt; nicht oder nur nach langer Zeit gewußte kommen nach unten unter den Stapel. Weiter mit der nächsten Karte. Die nicht gewußten Vokabeln kommen bald wieder zum Vorschein. Hoffentlich können sie jetzt zur Seite gelegt werden. Falls noch nicht: etwas genauer die Übersetzung anschauen und die Karte wieder ans untere Ende des Stapels legen.

Die letzten drei Karten, die übrigbleiben, die mit den „harten Brocken", nehmen, Vokabeln auf einen neuen Zettel schreiben, an den Badezimmerspiegel kleben oder aufs Kopfkissen legen, vor dem Einschlafen noch einmal genau anschauen.

☞ **Gedichte auswendiglernen**

Kinder können längere Texte normalerweise gut behalten. Sie trällern manchmal ganze Lieder, kurz nachdem sie sie zum ersten Mal gehört haben. Sie sprechen komische Sätze nach, um andere zum Lachen zu bringen. Nur vor Gedichten haben einige leider gehörigen Respekt. „Das soll ich alles auswendig aufsagen?!" Und plötzlich versagt das ansonsten so gute Gedächtnis.

Setzt die Blockade erst mal ein – trauriger Nebeneffekt vieler Schulstunden –, dann bleibt nur noch die Kleinschritt-Methode. Schritt für Schritt, also Zeile für Zeile, robbt sich Ihr Kind an den vollständigen Text heran.

Die erste Zeile muß mehrmals *laut* gelesen werden. Leises Murmeln reicht nicht. Dann zudecken und aus dem Kopf aufsagen.

Die erste *und* die zweite Zeile mehrmals laut lesen, zudecken und aufsagen.

Weiter mit der ersten, zweiten und dritten Zeile und so weiter bis zum Schluß.

Erst wenn eine Strophe richtig sitzt, die nächste lernen.

Bei den manchmal schwierigen Strophenanfängen soll Mutter nicht immer mit den gleichen Stichworten helfen. Lassen Sie Ihr Kind eigene Eselsbrücken finden. Am Anfang geht's um den Regen, die zweite Strophe beginnt mit dem Bach, der immer schneller fließt, es gibt also immer mehr Wasser ...

106

Zur Kontrolle kann Ihr Kind dann das Gedicht komplett aus dem Kopf aufschreiben, vielleicht noch ein passendes Bild malen, wenn der Inhalt dazu einlädt. Es reicht aber auch aus, den Text einer dritten Person vorzutragen. Wichtig ist, daß Ihr Kind sich dabei wohlfühlt und nicht unter Druck gerät, „nur ja keinen Fehler zu machen".

☞ So ein Theater!

Im Vorteil sind beim Auswendiglernen die Kinder, die gern Theater spielen. Warum nicht den Gedichttext mit Übertreibung vortragen? Wenn der Baum sich im Sturm biegt, dann windet sich Ihr Kind beim Vortrag wie ein Baum nach allen Seiten, und der „Sturrrrm rrrrauschschscht!". So bleiben die Bilder besser im Kopf.

Auch beim Vokabellernen hilft Theaterspielen. In einen *apple* kann ich kraftvoll hineinbeißen. Das Verb *shout* muß ich eben ganz laut aufsagen oder sogar rufen.

Vielleicht haben Sie den Eindruck, mit so viel Theater dauert das Lernen länger. Das mag sein, doch der Stoff bleibt auch viel länger – hoffentlich für immer – im Kopf.

☞ Nicht vergessen: einmal gelernte Vokabeln und anderen Lernstoff immer wiederholen, egal mit welcher Technik

Besonders wirkungsvoll ist es, wenn alle gelernten Vokabeln mindestens zweimal wiederholt werden. Aber nicht am selben, sondern frühestens am folgenden Tag mit der Wiederholung beginnen. Erst dann kann man sicher sein, daß der Stoff auch wirklich „sitzt".

Unser Kurzzeitgedächtnis merkt sich kurzfristig viel mehr, als nachher im Langzeitgedächtnis wirklich hängenbleibt. Richtig gelernt sind Vokabeln aber erst, wenn sie im Langzeitgedächtnis angekommen sind. Sonst ist die ganze Mühe schnell umsonst.

☞ **Vokabeln und anderen Lernstoff nur von Verwandten oder Freunden abfragen lassen, die gute Laune haben!**

Dieser Tip mag Ihnen merkwürdig erscheinen. Doch in angenehmer Atmosphäre lernt es sich bekanntlich leichter. Und es ist eben nicht angenehm, wenn ein entnervter Vater, eine entnervte Mutter einem die deutschen Übersetzungen entgegenschleudert, die man immer noch nicht im Kopf hat. Dann lieber alleine lernen. Das wird von erfahrenen Schulkindern empfohlen.

11. Tests und Klassenarbeiten gekonnt vorbereiten

Eine Klassenarbeit steht an? Vielleicht sogar zwei oder drei in nächster Zeit? Das belastet und lähmt! Dagegen gibt es nur ein Mittel: sich gekonnt vorbereiten. Das klingt einfacher als es ist. Stefan zum Beispiel versichert, daß er vor jeder Klassenarbeit tagelang lernt, alle Treffen oder sonstigen Freizeitbeschäftigungen absagt – und am Ende kommt dann trotzdem nur eine „Vier", meistens eine „Vier plus", aber auch schon mal eine „Fünf" heraus. Dem 13jährigen Jungen ist klar, daß er etwas falsch macht, aber er weiß nicht was.

Wird eine Klassenarbeit verhauen, kann das viele Gründe haben:

■ Der Schüler und die Schülerin sind zu aufgeregt, zu unkonzentriert, es fällt ihnen nichts ein, weil sie *Angst* haben, *eine schlechte Note zu bekommen*.

■ Sie haben den Stoff *nicht gelernt*.

■ Die verzweifelte Schülerin sieht zwischen dem, was sie gelernt hat, und den Aufgaben keine Ähnlichkeit, kurz: sie glaubt, daß sie *das Gelernte nicht anwenden kann*.

■ Der nicht sehr aufmerksame Schüler hatte schon zu Hause während der Vorbereitung gemerkt, daß er den Stoff *nicht richtig verstanden hat*.

■ Die Zeit, die den gedrängten Schülern zur Lösung der Aufgaben zur Verfügung steht, ist sehr knapp bemessen; einige Kinder geraten durch den *Zeitdruck* in Unruhe und werden unkonzentriert.

■ Manchen Schülern unterlaufen viele *Flüchtigkeits-fehler*: auch eine Folge *mangelnder Konzentration.*

Wir wollen uns gar nicht lange damit aufhalten, wie nach-vollziehbar im Grunde genommen diese Schwächen sind. Eines steht fest: Die Schule verlangt von den Schülern in vielerlei Hinsicht eine Menge. Will der Schüler mit Erfolg bestehen, muß er die Anforderungen erfüllen. Das ist müh-selig und macht nicht immer Spaß. Am Ende aber lohnt es sich doch! Wie aber kann ein Schüler sich so gut auf eine Klassenarbeit vorbereiten, daß er die Aufgaben mit siche-rem Gefühl und natürlich mit Erfolg meistert?

Die folgenden Tips werden den einen oder anderen viel-leicht enttäuschen, weil sie nicht gerade nach Zauber-tricks aussehen. Es sind bewährte Wegweiser, die eine me-thodische Hilfe bei der Vorbereitung darstellen. Leider – oder zum Glück – kann niemand einem Schüler das Ler-nen, das Sich-Überwinden, das Durchhalten abnehmen. Hilfestellungen können die Arbeit aber enorm erleichtern und verhindern, daß Energie in falsche Kanäle fließt.

☞ **1. Fange mindestens eine Woche vor dem Termin mit der Vorbereitung an.**
Warum? Eine Woche, das bedeutet fünf Nachmittage und ein Wochenende. In dieser Zeit kann man viel schaffen, selbst wenn ein oder sogar zwei Nachmittage wegen ande-rer Termine entfallen. Wenn man aber zu spät beginnt, kommen nur Unruhe und Nervosität auf. Und am Ende kann man sich dann auf gar nichts mehr konzentrieren. Außerdem sollte man immer damit rechnen, daß in der Vorbereitungszeit noch mal etwas dazwischen kommt, zum Beispiel Halsschmerzen oder ein verdorbener Magen, was vom Lernen abhält.

☞ **2. Verschaffe dir gleich zu Beginn einen Überblick über den zu lernenden Stoff.**

Erstelle dir am besten einen Arbeitsplan oder mache dir eine Liste davon, was alles gelernt werden muß. So entsteht eine ganz gute Übersicht, und du kannst nach und nach immer abhaken, was schon erledigt ist.

Achte bei der Erstellung deines Planes oder deiner Lernliste auf folgendes:

■ Einfacheres und Schwieriges sollten sich abwechseln. Auf keinen Fall solltest du die schwierigen Aufgaben vor dir herschieben und dich am Anfang nur mit den einfachen Dingen beschäftigen.

■ Sorge auch für Abwechslung bei den unterschiedlichen Lernformen. Es wäre zu anstrengend, wenn du zum Beispiel einen Nachmittag ausschließlich für das Lernen von Vokabeln reservierst. Besser wäre es, nach einer halben Stunde intensiven Vokabellernens eine schriftliche Grammatikübung zu machen oder einen Text aus dem Lehrbuch abzuschreiben.

■ Ganz, ganz wichtig ist es, daß du an jedem Tag genügend Zeit für eine Wiederholung einplanst. Schüler denken manchmal zu vorschnell, daß sie den Lernstoff schon behalten werden, weil sie ihn schließlich verstanden haben. Das ist ein Irrtum: Selbst wenn am Dienstag alles klar wie Kloßbrühe ist, muß das am Mittwoch nicht genauso sein. Erst intensives Wiederholen festigt und sichert das Gelernte.

☞ **Für Schüler ab 14 Jahren: 3. Entwickle Aufgaben, von denen du dir vorstellen kannst, daß sie in der Klassenarbeit vorkommen könnten.**

Das ist ein sehr schwieriger Teil deiner Vorbereitung. Ideal wäre der komplette Entwurf einer möglichen Arbeit.

Warum ist dieser Schritt so wichtig?

Je mehr du ernsthaft darüber nachdenkst, wie die Aufgaben in der Klassenarbeit wahrscheinlich aussehen werden, desto mehr näherst du dich der tatsächlichen Arbeit. Natürlich bist du kein Hellseher, und bei manchen Lehrern muß man mit den tollsten Überraschungen rechnen. Trotzdem: Du kennst ja deine Lehrer und hast bei den früheren Klassenarbeiten Erfahrungen gesammelt. Jetzt kannst du damit etwas anfangen! Ideal wäre es, wenn du zusammen mit einigen Klassenkameraden dieses schwierige Unterfangen in Angriff nehmen könntest. Ihr könnt alle davon profitieren. Gemeinsam darüber nachzudenken, was alle erwartet, macht sogar ein bißchen Spaß, und im Gespräch, in der Diskussion werdet ihr bestimmt zu einer Phantomarbeit kommen, die euch Sicherheit gibt. Bei der Klassenarbeit selbst seid ihr dann nicht mehr so überrascht und entsetzt, wenn ihr die Aufgaben lest. So ähnlich habt ihr sie ja schließlich selbst schon formuliert!

☞ **4. Versuche Wichtiges von Unwichtigem zu unterscheiden und Zusammenhängendes zu erkennen.**
Warum? Manchmal sieht der Lernstoff wirklich schrecklich umfangreich aus. So viele Details! Bei genauerem Hinsehen merkt man dann oft, daß sich viele Einzelheiten aus einigen wenigen Fakten ableiten lassen. Das gilt für Mathematik, Geschichte oder Deutsch genauso wie für Biologie oder Chemie. Also: Ordnung und Übersicht in den Lernstoff bringen! Am besten ist es, wenn du dir ein sehr großes Blatt (DIN A 3) nimmst und dir darauf in einem für dich einsichtigen Schema den Lernstoff gliederst.

☞ **5. Analysiere deine häufigsten Fehler aus vergangenen Arbeiten.**
Aus Fehlern kann man lernen, wie schon ein altes Sprichwort sagt. Vielleicht kommen bei dir ja immer und immer

wieder ähnliche Fehler vor. Zum Beispiel in den Fremd-
sprachen: Rechtschreibefehler. Na, dann wird es allmäh-
lich Zeit, daß du die vermeidest! Wie? Mehr schreiben,
mehr diktieren lassen, mehr Diktate üben. Oder sind es
immer die gleichen Grammatikfehler? Stimmt die Zeit oft
nicht? Hat das Verb oft die falsche Endung? Wenn sich bei
dir so eine Häufung einer Fehlerart erkennen läßt, dann
weißt du, daß du für dieses Problem ganz besonders viel
Zeit in deiner Planung berücksichtigen solltest.

Noch ein Extra-Tip: Frag deine Lehrerin nach den für
dich typischen Fehlern. Erstens kann sie dir am besten sagen, wo deine Schwächen liegen, wo du also noch etwas
verbessern mußt. Und zweitens sieht sie, daß es dir mit der
Vorbereitung des Tests und damit mit der Arbeit für ihr
Fach wirklich ernst ist. Hoffentlich honoriert sie deine An-
strengungen.

☞ 6. Schaff dir eine ideale Arbeitsumgebung.

Wenn man sich wohl fühlt, kann man besser und effektiver
lernen. Der eine sitzt gern am Tisch, der andere auf der
Couch, Füße hoch. Die eine hört gern leise Musik im Hin-
tergrund, die andere braucht absolute Ruhe. Im Laufe der
Jahre muß jeder Schüler für sich herausfinden, unter welchen
Bedingungen, in welcher Umgebung er bzw. sie am besten
lernen kann. Dafür gibt es streng genommen keine Regeln.
Behauptet aber ein Schüler, am besten lernen zu können,
wenn im Fernsehen ein spannender Krimi läuft, dann dürfen
Zweifel angemeldet werden. Prinzipiell aber müssen Schülerinnen und Schüler lernen, ihre eigenen Lernbedingungen zu
entwickeln und dazu auch zu stehen. In der Schule gibt es
keinen Freiraum. Alle müssen am Tisch sitzen, alle müssen
zuhören, dürfen während des Unterrichts nicht essen oder
trinken. Zu Hause könnt ihr das Umfeld selbst gestalten.
Und das solltet ihr zu eurem Vorteil auch tun.

☞ **7. Lerne nicht nur vor den Klassenarbeiten.**

In einer achten Klasse wurde im Englischunterricht ein aufschlußreicher Test gemacht: Es wurden zwei Gruppen mit je sechs Schülern gebildet. In beiden Gruppen waren zwei gute Schüler, zwei „mittelgute" Schüler und zwei leistungsschwache Schüler. Über einen Zeitraum von sechs Monaten sollten sich beide Gruppen unterschiedlich auf drei Klassenarbeiten vorbereiten: Die eine Gruppe hat sich verpflichtet, Klassenarbeiten nicht aufwendig vorzubereiten, statt dessen kontinuierlich im Unterricht mitzuarbeiten und immer sorgfältig die Hausaufgaben zu machen. Vor den Klassenarbeiten war nur eine Wiederholung von maximal zwei Stunden „erlaubt".

Da die Mitarbeit und die Erledigung der Hausaufgaben der Schülerinnen und Schüler der zweiten Gruppe sowieso schon die ganze Zeit zu wünschen übrig ließ, sollten sie mit Genehmigung des Lehrers dieses Verhalten auch noch ein halbes Jahr länger fortsetzen. Vor den jeweiligen Klassenarbeiten aber sollten sie tüchtig lernen, soviel, wie sie glaubten, daß es notwendig sei.

Jeder Jugendliche bekam darüber hinaus vom Englischlehrer ein kleines Heft, in das die Schülerinnen und Schüler der beiden Gruppen mindestens dreimal pro Woche kurz aufschreiben sollten, was für ein Gefühl sie in bezug auf den Englischunterricht hatten. Die Skala reichte von „fühle mich sicher, habe den Stoff gut verstanden und beherrsche ihn" über „ich blick im Moment gar nicht durch, weiß nicht, worum es geht" bis zu „habe großen Bammel vor der Arbeit, weiß nicht, ob ich das kann".

Als es zur Auswertung des Experimentes kam, war eigentlich niemand überrascht. Wie zu erwarten, haben die Kinder der Gruppe 1 (kontinuierliche Mitarbeit) leistungs-, zeit- und nervenmäßig besser abgeschnitten. Die Kinder dieser Gruppe jedenfalls haben sich ganz fest vorgenommen, bei ihrer „Methode" zu bleiben, so gut hat ihnen die Erfahrung getan, kaum noch Angst oder Aufregung vor einer Klassenarbeit zu verspüren.

☞ 8. Laß dich nicht verrückt machen.

Es gibt immer Klassenkameraden, die erzählen, daß sie seit 10 Tagen nur noch lernen. Und wenn schon. Die Menge allein macht's nicht. Außerdem sollte man solchen Erzählungen mit einem gesunden Maß an Mißtrauen und Gelassenheit begegnen.

☞ 9. Mach dir einen Spicker.

Natürlich sind Spicker umstritten, nicht nur weil ihre Benutzung während einer Klassenarbeit verboten ist. Schüler werden mit einer „Sechs" bestraft, wenn der Lehrer sie entdeckt. Manche Pädagogen aber raten ihren Schülern, vor jeder Arbeit einen schönen Spickzettel anzufertigen. Allerdings darf er während der Arbeit nicht hervorgeholt werden. Die Anfertigung ist dennoch sinnvoll, weil die Schüler sich so noch einmal klarmachen, wo bei ihnen noch Schwächen und Unsicherheiten liegen. Während sie einen kunstvollen Spickzettel anfertigen, prägen sich die Geschichtszahlen, englischen Vokabeln oder mathematischen Formeln oft so nachhaltig ein, daß der Spickzettel tatsächlich seine Schuldigkeit tut.

Im übrigen aber ist der Umgang mit Spickzetteln eine Sache, die man weder empfehlen noch von der man abraten kann. Für manche Schüler wäre es ein Alptraum, ohne Spickzettel in eine Klassenarbeit zu gehen, unabhängig davon, ob sie ihn nun benutzen oder nicht. Anderen Schülern liegt diese Sache gar nicht, sie entspricht einfach nicht ihrer Art, mit dem Lernstoff und der Prüfungssituation umzugehen.

☞ **10. Sorge für genügend Schlaf und Entspannung.**

Die ganze Lernerei könnte umsonst gewesen sein, wenn die Nacht vor der Klassenarbeit zur schlaflosen Nacht wird. Am Abend vor einem wichtigen Test muß man nicht bis Mitternacht fernsehen oder extrem lang lesen. Auch die Büffelei sollte am letzten Nachmittag nicht zu intensiv ausfallen. Am frühen Abend sollte Schluß gemacht werden, damit noch ein paar Stunden zur Entspannung bleiben.

Wenn es schon Fernsehen sein muß, dann wäre ein bereits bekannter Film auf Videokassette gut. Gerade Kinder können sich Filme, die sie gern mögen, immer wieder ansehen, ohne daß sie sich langweilen. Der Vorteil: Ein bekannter Film wühlt die Kinder nicht unnötig auf, beschäftigt sie nicht zu sehr. Trotzdem werden sie abgelenkt. Lesen, Musik hören, Tischtennis spielen, sicher finden jeder Schüler und jede Schülerin eine passende Beschäftigung für sich, die vom Streß der bevorstehenden Klassenarbeit ablenkt.

12. Schulkinder müssen fit sein

Richtige Ernährung hilft beim Lernen

„Du, Sabine, Laura ist ja so blaß. Gehst du mit ihr nicht an die frische Luft?" –

„Na, Moni, mein Daniel war auch immer so blaß. Weißt du, was da geholfen hat? Vitamin C!"

Kommt Ihnen das bekannt vor? Andere wissen bekanntlich oft besser, was mit dem eigenen Kind los ist, und vor allem, was man dagegen tun muß.

Wie in der Überschrift zu lesen, wollen wir ein wenig auf das nicht ganz einfache Thema Ernährung eingehen. Bitte begreifen Sie die Erklärungen zum Thema Essen als Anregungen und übernehmen Sie nur, was Ihrem Denken und Fühlen und Ihrem Lebensstil entgegenkommt. Wenn Sie sich entschieden haben, weniger Fleisch und vielleicht mehr Fisch auf den Speiseplan zu setzen, dann ist das einfach Ihr gutes Recht, genauso wie die Entscheidung, nie pappige Müslis zu essen.

Wir erzählen übrigens gern von einem jungen Mann, der groß und kräftig wie ein Sportstudent daherkommt, auf Befragen aber zum Besten gibt, daß er als Kind von Gastwirten im wesentlichen mit Pommes Frites und Wiener Schnitzel großgezogen wurde. Ob es dazu ausschließlich Cola zu trinken gab, trauten wir uns nicht zu fragen.

Ißt Ihr Kind einigermaßen gut und ausreichend, dann können Sie dieses Kapitel natürlich auch überspringen. Es sei denn, Sie suchen noch ein paar Tips, wie Sie quasi über den Frühstücksteller die Gesundheit und auch die *Gehirnzellen* und damit die *Leistungsfähigkeit* Ihres Kindes unterstützen können.

Daß das möglich ist, versucht uns neben der Lebensmittelforschung auch die Werbung ständig nahezubringen. Wir nennen jetzt aus verständlichen Gründen keine bestimmten Produkte. Aber Sie erinnern sich wahrscheinlich an die strahlend weißen Zähne der weißgekleideten Spitzensportlerin, die, so wird uns suggeriert, durch diese eine bestimmte Süßigkeit besonders fit wird. Auch kleine, in Plastikbecherchen verpackte Cremeportionen, euphemistisch „Joghurt" genannt, tragen angeblich zur guten Entwicklung unserer Kleinen bei. Usw. usw. Wir fürchten, in puncto Werbung gibt es nur eine vertretbare Position: Vorsichtshalber erst mal gar nichts glauben.

Und dann bei einem Produkt, das uns interessant erscheint, einen Blick auf die *Zutatenliste* wagen. Die Lebensmittelindustrie listet in der Regel die Zutaten in der Reihenfolge ihrer Mengenanteile auf, also diejenige Beigabe zuerst, die in der größten Menge enthalten ist, als zweites die zweitgrößte Menge und so weiter. Ganz kleine Anteile muß sie manchmal gar nicht auflisten, so daß wir nicht immer erfahren können, was eigentlich alles in unserem Lieblingspudding drin ist.

Schaut man sich solche Listen an (man sollte das aus Gründen des guten Appetits vielleicht nicht zu oft tun ...), muß man schnell eines feststellen: Unglaublich oft steht dort „Zucker". Zucker in den verschiedensten Varianten; er taucht auf als Traubenzucker, Dextrose, Glukosesirup und vieles mehr. Steht bei Ihnen auch eine Packung Trink-Kakao im Schrank? Dessen Zutaten beginnen in der Regel mit mindestens zwei Sorten Zucker, bevor das erste Stäubchen Kakaopulver folgt. Sie könnten also auch einige Löffel Kristallzucker in den Milchbecher geben, und der Geschmack wäre fast der gleiche.

Dummerweise ist *Zucker* – und deshalb haben wir ihn als Beispiel gewählt – von allen unseren Nahrungsmitteln besonders wichtig. Kein Körper, der ohne die Energiezufuhr durch Zucker arbeiten könnte, kein Gehirn, das ohne Glukose schalten und walten könnte.

Deshalb ist es gerade für Schulkinder besonders wichtig, nicht nur auf die Zuckerzufuhr, sondern auch auf die *Art* des Zuckers zu achten!

Die gar nicht mehr so kleinen Gehirne werden im Schulalltag groß gefordert. Wußten Sie, daß das menschliche *Gehirn* Nährstoffe nur schlecht speichern kann, daß es daher permanent mit Nahrung versorgt werden muß? Bei größerer Denkanstrengung steigt auch der Energieverbrauch unseres Denkapparates. Daraus folgt, daß eine besonders *gute* Ernährung (von Fachleuten „Mental-Diät" genannt) unser Gehirn leistungsfähiger machen kann. Fehlen die notwendigen Nährstoffe, fühlen wir uns oft matt, unlustig, motivationslos, manchmal sogar richtig depressiv. Uns fällt einfach nichts Neues mehr ein. Wir wollen auch gar nicht mehr.

Mmmmmh, so ein Riegel Schokolade hat da doch etwas Beruhigendes! Langsam schmilzt die süße braune Masse im Mund und hinterläßt ein angenehmes Gefühl. Gleich fühlen wir uns besser. Bald können wir die komplizierten Bankformulare ausfüllen oder was wir sonst noch erledigen müssen. Nur noch ein kleines Schokoladestückchen. – Über die aufbauende Wirkung von Schokolade ist schon viel geschrieben worden, und es stimmt tatsächlich. Wir können das nach ausgiebigen Selbstversuchen bestätigen! Es gibt nur ein kleines

Problem mit den Schokoriegeln und mit anderen motivierenden Süßigkeiten (und damit meinen wir nicht die Kalorien; dieses leidige Thema lassen wir jetzt einfach mal beiseite): Sie enthalten unglaubliche Mengen an weißem Zucker, auch Kristallzucker oder Fabrikzucker genannt. Und das ist leider genau die Art von Zucker, mit der unser Körper – und damit auch unser Gehirn – am *wenigsten* anfangen kann.

Nicht nur, daß der Zucker nichts nützt – er wird nämlich so schnell verbraucht, daß der Körper umgehend nach „Nachschub" verlangt. Obendrein schadet er auch noch, denn unser Körper braucht die wichtigen Elemente Kalzium und Vitamin B1, um den Fabrikzucker überhaupt verwerten zu können. Beides wird also dem Körperhaushalt entzogen. Kalzium- und Vitaminmangel sind aber nun das letzte, was wir gebrauchen können! Sie schwächen unser Immunsystem, lassen uns anfällig werden für die verschiedensten Krankheiten.

Schulkinder sollten daher so wenig Fabrikzucker wie möglich zu sich nehmen.

Konkret heißt das: so wenig Schokolade, Cola, süßes Gebäck, Bonbons wie möglich. Da der Körper aber nach Zucker verlangt und Kinder das besonders deutlich zum Ausdruck bringen, müssen wir uns etwas einfallen lassen. Ideal sind süße Früchte und Honig. Kaufen Sie zum Beispiel keine fertigen Früchtejoghurts, sondern nehmen Sie Naturjoghurt, und süßen Sie mit Fruchtpüree und Honig. Da Kinder den auffälligen Geschmack mancher Honigsorten nicht mögen, probieren Sie etwas herum. Vorsicht mit den billigen Supermarktsorten. Manches Angebot ist nur Kunsthonig. Natürlich können Sie zunächst auch Kristallzucker und Honig mischen, um den neuen Geschmack langsam einzuführen.

Der große Vorteil von Obst und „Bärennektar": Mit diesen Arten von Zucker werden dem Körper gleichzeitig Mineralien, Vitamine und Ballaststoffe zugeführt, wichtige Bestandteile der „Mental-Diät".

Übertragen auf Getränke bedeutet das: keine Limonaden, keine Cola, natürlich frische Milch, möglichst viel Mineralwasser und Fruchtsaft. Frisch gepreßt wäre natürlich am besten, aber wer hat schon die Zeit? Vermeiden Sie auf jeden Fall den sogenannten „Fruchtnektar", da er verwässert und verzuckert ist und mit Frucht nicht mehr viel zu tun hat.

Und da wir schon auf dem „Gesundheitstrip" sind, ergänzen wir gleich aus Gründen der Vollständigkeit die wichtigsten Elemente einer ausgewogenen Ernährung, auch wenn Sie diese sicher schon aus anderen Quellen kennen. Ernährungswissenschaftler betonen immer wieder, wie wichtig rohe und möglichst wenig verarbeitete Nahrungsmittel sind. Dazu gehören: Obst, auch gepreßt als Saft, rohes Gemüse (wie geriebene Möhren, Paprikastreifen), Salat, Nüsse und Keime. Gut für die Entwicklung unserer Kinder sind ferner: Vollkornbrot, Hülsenfrüchte, Milch, Käse, Butter, kurz gekochtes oder zart gedünstetes frisches Gemüse.

Möglichst vermeiden: Dosenfutter. Tiefgefrorenes bewahrt Mineralien und Vitamine weitaus besser.

Unsere heimischen Kartoffeln werden angesichts von exotischen Früchten mit endlos vielen Vitaminen oft unterschätzt; sie enthalten tatsächlich viel Gutes. Und die meisten Vitamine sitzen, bei Obst wie bei Gemüse, direkt unter der Schale. Und damit wollen wir es nun wirklich bewenden lassen. Schließlich sind Sie es, die diese ganzen vernünftigen Eßtips an Ihren Nachwuchs weitergeben müssen, ein nicht immer leichtes Unterfangen. Wir wissen ja selbst nicht, ob der junge Mann mit der „Pommes-frites-Diät" heute ein erfolgreicher Leistungssportler oder Naturwissenschaftler wäre, wenn er etwas mehr *brain food* statt Fritierfett bekommen hätte. Wir hoffen aber, unseren Kindern mit gesünderer Ernährung einen besseren Start ins Leben zu ermöglichen.

📖 **Buchtips:**

Sabine Seyffert, Meine Suppe eß ich nicht! Kinder für gesundes Essen begeistern. Herder/Spektrum Band 4713.
Beate Seeßlen-Hurler, Das Beste von MacVollwert. Rezepte für gesunde und schnelle Naschereien, Snacks und Zwischendurchs, die Kinder mögen, erhältlich beim text-o-phon-Versand, Emanuel-Geibel-Straße 18, 65185 Wiesbaden

Schöne und gesunde Kochideen für Kinder gibt es auch in:
Das große GU Vollwert-Kochbuch, herausgegeben von Doris Birk, München (mehrfach aufgelegt)

Wenn Sie sich etwas mehr Kompetenz im Umgang mit den Produkten der Lebensmittelindustrie verschaffen möchten, finden Sie inzwischen mehrere Bücher in den Regalen, die sich kritisch mit Fragen und Hintergründen der Lebensmittelproduktion auseinandersetzen. Hier als Beispiele zwei Titel:
Hans-Ulrich Grimm, Die Suppe lügt. Die schöne neue Welt des Essens, Stuttgart
Ingried Reinicke/Petra Thorbietz, Lügen, Lobbies, Lebensmittel. Wer bestimmt, was Sie essen müssen, München

Beliebte Entspannungsübungen für Körper und Geist

Sitzt Ihnen manchmal auch etwas im Nacken? Können Sie nicht richtig gerade am Tisch sitzen? Und schon gar nicht im Schneidersitz auf dem Boden? Hier tut's weh und da ziept's, es ist schon eine rechte Last. Oft liegt das an Verspannungen.

Wir spannen unsere Muskeln an, weil wir uns einseitig bewegen müssen. Wer lange Gardinen aufgehängt hat, weiß, was gemeint ist.

Wir spannen unsere Muskeln an, weil wir uns konzentrieren müssen auf etwas, was uns wenig Freude macht. Auf die Buchhaltung vielleicht oder auf das eilige Schreiben der vielen Weihnachtskarten. Wir sitzen zuviel und bewegen uns zu wenig. In der Schule fängt das alles an.

Höchste Zeit, für einen Ausgleich zu sorgen! Das bißchen Sportunterricht bringt in der Regel nicht genug Bewegung, macht manchen Schülern auch gar keinen Spaß. Kinder, die in ihrer Freizeit Hockey spielen oder einen anderen Sport treiben, haben es gut. Sofern sie nicht gerade für Olympia trainieren, tun sie ihrem Körper viel Gutes. Sie können sich auch meist gut entspannen, spätestens dann, wenn ihr Körper sich vom Austoben ausruhen will.

Schulkinder, die häufig „rumzappeln", kaum ruhig am Tisch sitzen können, ständig das Thema oder das Fernsehprogramm wechseln, alle fünf Minuten von den Hausaufgaben aufstehen, um sich abzulenken, diese Kinder brauchen unbedingt einen Ausgleich. Für sie kann es genau das Verkehrte sein, wenn sie sich anhören müssen: „Nun konzentrier' dich doch mal richtig!!" – Das ist ja gerade ihr Problem: Sie sind so hibbelig oder angespannt, daß sie sich nicht konzentrieren können!

Für diese Kinder kann ein Ausgleich in Form von Entspannungs- oder Konzentrationsübungen eine große Hilfe sein.

Körper und Geist wirken eng zusammen. Stehen wir unter Streß, haben wir Angst vor einer Prüfung, spannen sich – ganz ohne unsere Absicht – unsere Muskeln an. Umgekehrt hilft es unseren Nerven, wenn wir unsere Muskeln lockern. Wir werden ruhiger und können dann besser mit Streß oder Angst fertigwerden.

Machen Sie Ihrem Kind klar, daß es mit den Entspannungsübungen keine Zeit verliert. Im Gegenteil: Durch die gewonnene Entspannung kann es sich viel besser konzentrieren, und weil es sich besser konzentrieren kann, wird es auch viel schneller mit den Hausaufgaben fertig!

Die „Übungen" darf man sich nicht zu schulmäßig vorstellen. Wir beschreiben jetzt verschiedene wirkungsvolle Abläufe, die man immer mehrere Male wiederholen muß. Daher der Name „Übung". Sie sind gar nicht schwierig, im Gegenteil, und man soll auch nicht „perfekt" werden.

Das Wichtigste ist, daß die Übungen Ihrem Kind Spaß machen.

Vielleicht brauchen Sie anfangs etwas Überredungskunst, besonders wenn Sie selbst noch nicht ganz überzeugt sind. Am Ende soll Ihr Kind sich mit den Übungen wohl fühlen. Falls das auch nach einiger Eingewöhnungszeit nicht der Fall ist, lassen Sie es lieber sein. Jeder Zwang wäre völlig kontraproduktiv und genauso sinnlos wie die Aufforderung: Jetzt entspann dich endlich!

☞ **Entspannen durch Anspannen**

Setz dich locker und möglichst gerade auf einen Stuhl. Jetzt spanne die Muskeln in deinen Händen und Armen fest an, so fest du kannst, und halt fest. Schließe dabei die Augen, dann kannst du dich besser auf dich selbst konzentrieren.

Zähle beim Anspannen etwa sechs Sekunden lang: 6–5 – 4–3 – 2–1 – 0. Bei Null kannst du die Anspannung loslassen.

Du merkst, wie deine eben noch angespannten Hände und Arme warm werden. Diese wohlige Wärme breitet sich jetzt in deinem ganzen Körper aus. Du atmest ruhig und entspannt.

Diese Übung kannst du noch einmal wiederholen. Beim zweiten Mal klappt es oft besser mit dem Anspannen.

☞ **Sooo eine lange Nase**

Such dir einen bequemen Platz, dein Bett, das Sofa oder eine warme Decke auf dem Boden, und leg dich dort auf den Rücken. Spreize deine Hände und lege sie auf den Unterbauch, so daß die Daumen und Zeigefinger ein Dreieck bilden. Atme tief ein und schließ die Augen. Stell dir nun vor, deine Nase fängt an zu wachsen. Sie wird langsam, ganz langsam immer länger und länger. 1 ... 2 ... 3 ... länger und länger ... 4 ... 5 ... 6 ... 7 ... 8 ...

Schließlich ist sie so lang, daß sie an der Decke anstößt und nicht mehr weiterwächst. Mit geschlossenen Augen schaust du dir den Punkt an der Decke an. Du atmest ruhig weiter, dein Bauch hebt und senkt sich. Du kannst es gut mit deinen Händen fühlen. Beim Einatmen hebt er sich, beim Ausatmen senkt er sich.

Nun zählst du langsam rückwärts. Ganz langsam. 100 ... 99 ... 98 ... 97 ... 96 ... 95 ... 94 ... 93 ... 92 ... 91 ... Du atmest ganz automatisch im gleichen Rhythmus, wie du zählst. Du zählst langsam weiter rückwärts, und dein Bauch hebt und senkt sich. 90 ... 89 ... 88 ...

Schließlich, spätestens wenn du bei 0 angekommen bist, vielleicht aber auch schon etwas früher, streckst du dich. Keine Sorge, deine Nase hat wieder ihre normale Größe. Du kannst gefahrlos aufstehen und bist jetzt ruhig und entspannt.

☞ **Den Nacken frei machen von Anspannung**
Leg dich auf den Rücken und mach die Augen zu. Deine Arme liegen locker neben deinem Körper. Konzentrier dich einen Moment auf deine Atmung. Hol tief Luft, atme in den Bauch hinein. Der Bauch hebt sich beim Einatmen, der Bauch senkt sich beim Ausatmen.

Drehe den Kopf jetzt langsam ganz weit nach links. Wenn du sehr verspannt bist, kann es am Ende etwas weh-tun. Geh soweit du kannst und dann langsam wieder zur Mitte zurück. Von der Mitte drehst du deinen Kopf ge-nauso langsam nach rechts, wieder bis zur Grenze, und dann wieder zur Mitte zurück.

Achte darauf, daß du den Kopf nicht schräg hältst oder in Schlangenlinien bewegst. Dreh ihn einfach gerade nach links, zurück zur Mitte, und dann wieder nach rechts, und zurück zur Mitte. Ganz langsam und ruhig.

Wenn du das ein paarmal gemacht hast, warte einen Moment. Stell dir vor, du *würdest* den Kopf nach links und nach rechts drehen. Du schaust dir selbst dabei zu, wie du deinen Kopf langsam und ruhig bewegst, etwa 15 Mal.

Danach kannst du deinen Kopf wieder richtig, „in echt", drehen. Fühle, wie gut diese Bewegung deinen Schultern und deinem Nacken tut.

 **Mandalas malen**

Liebe ..., lieber ...!

Wenn du dich ausruhen und entspannen willst, gibt es zwei verschiedene Möglichkeiten: Du setzt oder legst dich bequem hin, hörst ruhige Musik und träumst etwas. Oder du machst etwas, bist aktiv und konzentrierst dich dabei auf eine einzige Sache. Auch das kann dich gut entspannen. Versuch's einmal mit dem Ausmalen eines Mandalas.

Liebe Eltern!

Wahrscheinlich haben Sie schon von Mandalas gehört, vielleicht selbst schon einige dieser harmonischen Bilder ausgemalt. In Buchhandlungen und Kaufhäusern gibt es inzwischen – aufgrund des großen Erfolgs – sehr viele Hefte und Bücher zu diesem Thema. Wir können die entspannende Wirkung des Ausmalens nur bestätigen, wollen aber etwas davor warnen, irgendwelche Produkte zu kaufen, nur weil auf ihnen das Wort „Mandala" steht". Manchmal wird ein Bildchen mit Sonne, Mond und Sternen so genannt, einfach weil es kreisrund ist. Ein echter Etikettenschwindel. Mit dem Ursprung, einer konzentrierten Darstellung zur Meditation, hat das nicht mehr viel zu tun. Und obendrein ist das Ausmalen vorgefertigter Zeichnungen nicht besonders kreativitätsfördernd.

Wählen Sie ruhige, ausgewogene Motive, ohne konkrete Darstellungen wie Mond oder Kerze. Je abstrakter, desto besser. Allenfalls eignen sich Blütenblätter, symmetrisch im Kreis oder Viereck angeordnet, zum entspannenden Ausmalen.

Für die, die noch nicht wissen, was gemeint ist, hier ein Beispiel. Zum Vergrößern durch Kopieren oder zum direkten Ausmalen in diesem Buch.

Wichtig: Es gibt keine „richtige" Art, ein Mandala auszumalen. Lassen Sie Ihr Kind unbedingt malen, wie es möchte.

☞ **Verspannungen erkennen und auf einer Phantasiereise die Verspannungen hinter sich lassen**

„Du setzt dich völlig entspannt an deinen Arbeitsplatz. Völlig entspannt? Versuch's mal. Wenn du jetzt so dasitzt, wo merkst du noch Verspannungen?" *(Auf Füße, Beine, Bewegungen achten, evtl. das Kind darauf hinweisen.)*

„Laß den Kopf einfach herunterfallen. Merkst du, daß du langsam schwer wirst und dich immer besser entspannst? Leg die Arme bequem auf den Tisch und nun den Kopf auf die Arme. Schließ jetzt für einen Moment die Augen. Warte etwas." *(Ca. eine Minute.)*

„Sag mir dann, was du gesehen hast. ..."

„Mach die Augen wieder zu und versuche, gar nichts Bestimmtes zu sehen. Vielleicht flackert es vor deinen Augen oder du siehst seltsame farbige Flächen. Das ist ganz normal. Achte nicht darauf, laß einfach die Augen zu. ..."

„Ich mache jetzt die Entspannungsmusik an und lese dir eine kleine Geschichte vor."

Wer selbst Zeit und Ruhe hat, sich einmal intensiv mit seinem an den Hausaufgaben sitzenden Kind zu beschäftigen, der kann es mit einer sogenannten Phantasiereise unterstützen und verwöhnen. Phantasiereisen sind abgeschlossene Erzählungen, die die Hörer geistig in eine andere Welt versetzen und die ihnen so zu Entspannung, aber auch zu besserer Wahrnehmung und Konzentration verhelfen.

Da man sich, wie gesagt, etwas Zeit nehmen muß, auch ein paar Rahmenbedingungen beachten sollte wie eine ruhige, gemütliche Umgebung (vielleicht doch vom Arbeitsplatz aufstehen), müßten wir hier sehr ausführlich werden. Das würde den Rahmen unseres Hausaufgaben-Buches sprengen. Deshalb können wir keine ausreichende Anleitung geben und müssen auf die vielen Bücher verweisen, die sich speziell mit Phantasiereisen befassen. Für Schulkinder besonders geeignet erscheint uns folgendes Taschenbuch, in dem Sie neben zahlreichen nützlichen Tips auch mehrere Geschichten zum Vorlesen finden.

 **Buchtip:**

Sabine Seyffert, Entspannte Kinder lernen besser. Vor dem Lernen erst den Streß beseitigen – Übungen, Geschichten, Tips, Freiburg i. Br. 1998, Herder/Spektrum Band 4637.

Phantasiereisen sind für nervöse Kinder eine schöne Möglichkeit, abends zur Ruhe zu kommen.

Einfache Konzentrationshilfen

Viel Zeit geht bei den Hausaufgaben verloren, wenn ein Kind sich nicht gut konzentrieren kann. Natürlich merkt ein kluges Kind, daß es durch seine Unkonzentriertheit nicht richtig weiterkommt; es ist frustriert, spannt sich an und macht dadurch alles nur noch schlimmer.

Vielleicht sind hier Hilfen zur Entspannung richtig. Sie finden Sie weiter vorne ab Seite 123.

Kann man Konzentration lernen? Und warum kann mein Kind sich bestens auf sein kompliziertes Computerspiel konzentrieren, wird aber nach drei Minuten Deutsch-Hausaufgaben ganz unruhig?!

Zwei Faktoren sind für gute Konzentration besonders wichtig:
1. das Interesse am Gegenstand oder Thema und
2. die persönliche Verfassung.

Natürlich können Eltern nicht jeden Schulstoff interessant machen. Das ist auch nicht ihre Aufgabe, sondern das wäre die Aufgabe der Schule. Wir können nur hoffen, daß möglichst viele Aufgaben unser Kind auch interessieren. Ist der Unterricht langweilig oder der Lehrer unsympathisch, dürfen wir uns über die mangelnde Konzentrationsbereitschaft unseres Kindes nicht wundern.

Für die persönliche Verfassung, die Gesundheit und geistige Regsamkeit unsere Schulkindes können wir dagegen glücklicherweise einiges tun. Wir sollten für genügend Ruhephasen und möglichst wenig Streß sorgen, denn Sorgen und Streß lenken ab und stehen konzentriertem Arbeiten im Weg. Ausreichende Bewegung und vernünftige Ernährung sind, wir haben es auf den vorangegangenen Seiten bereits erwähnt, ebenfalls wichtige Hilfen.

☞ Spiel mal wieder

Spielen Sie eigentlich gern? Manche Beschäftigungen helfen Kindern „spielend", sich besser zu konzentrieren. Versuchen Sie es an grauen Tagen mit Mühle oder Halma, sofern Ihr Sohn, Ihre Tochter Spaß daran hat. Auch das sorgfältige Zusammenbauen von Modellen (Schiffen, Flugzeugen usw.) fördert die Konzentrationsfähigkeit.

Ein Nebeneffekt: Wenn Sie erleben, wie konzentriert Ihr Kind bei der Sache ist, bleiben Sie selbst in Zukunft vielleicht gelassener, wenn Sie Ihr Kind bei den ungeliebten Hausaufgaben zappeln sehen.

☞ **Ausgleich durch Sport und Bewegung**

Hat Ihr Kind ausreichend Sportunterricht? Bewegt es sich nach der Schule genügend? Wenn der Körper fit ist, hat es auch der Geist leichter. Natürlich sollte zwischen dem Herumtoben draußen und der Arbeit am Schreibtisch eine kleine Verschnaufpause liegen.

☞ **Philosophen unter sich**

Führen Sie eigentlich längere Gespräche mit Ihrem Kind? Auch mal über „schwierige" Themen, Gott und die Welt betreffend? Oder stellen Sie sich gemeinsam spannende Dinge vor? Wie ein Urlaub mitten im Urwald wäre oder wie ein superstarkes Phantasie-Auto gebaut sein könnte? Das kann man beispielsweise beim gemeinsamen Abspülen oder während einer langweiligen Autofahrt. Wenn Ihr Kind erfährt, daß Sie seine Gedanken ernstnehmen, daß Sie auch konzentriert zuhören wollen und können, dann steigt sein Selbstvertrauen. Es erfährt: Es lohnt sich nachzudenken und sich auszudrücken.

☞ **Problem-Box**

Während der Hausaufgaben hilft die Problem-Box, sich besser auf die eigentliche Arbeit zu konzentrieren.

Auf dem Arbeitstisch steht eine Schachtel. Diese Schachtel könnte Ihr Kind selbst gestalten. Sie muß nicht aufwendig sein, nur einen kleinen Schlitz wie ein Briefkasten haben. Immer wenn Ihrem Kind etwas Wichtiges oder Sorgenvolles durch den Kopf geht, was gar nichts mit den Aufgaben zu tun hat, schreibt es sich eine kurze Notiz dazu auf einen Zettel und steckt den Zettel in die Box. Dort sind die Sorgen gut aufgehoben, bis die Aufgaben beendet sind.

Eine wirkungsvolle Hilfe sind die folgenden für Schulkinder gut geeigneten Konzentrationsübungen.

„Was, noch mehr Übungen, noch mehr Arbeit?!" – Erklären Sie Ihrer Tochter, Ihrem Sohn, daß man viel Zeit sparen kann, wenn man die leichten Übungen erst einmal beherrscht. Die anschließenden Hausaufgaben gehen dann viel besser von der Hand.

Außerdem helfen die Übungen *vor Tests und Klassenarbeiten*, wenn man vor lauter Nervosität nicht klar denken kann.

☞ Energie-Gähnen

Lehn dich auf deinem Stuhl zurück und fang an, ganz herzhaft zu gähnen. Reiß den Mund weit auf, hol tief Luft.

Jetzt läßt du die Luft wieder heraus und machst dabei richtig schöne Gähn-Geräusche. Streck dich ruhig dabei und räkel dich.

Mach das ein paar Mal hintereinander. Du kannst dabei deine Kiefergelenke leicht mit einer Hand oder beiden Händen massieren.

Das Gehirn gewinnt beim Gähnen zusätzlichen Sauerstoff. In vollen, ungelüfteten Räumen, in Wartezimmern zum Beispiel, gähnen wir häufig aus Sauerstoffmangel.

☞ Ohren „bügeln"

Deine Ohren sind an den äußeren Rändern gebogen. Du kannst dir etwas Gutes tun, indem du sie ein wenig und ganz sanft mit deinen Fingern „glattbügelst". Dazu nimmst du den Daumen nach innen, gleichzeitig den rechten Daumen zum rechten Ohr, den linken Daumen zum linken Ohr, und die dazugehörigen Zeige- und Mittelfinger jeweils nach außen.

Fang oben am Ohr an, falte sanft das Ohr auf, so als würdest du es etwas glattbügeln. Arbeite dich jetzt langsam von oben zum Ohrläppchen weiter.

Die Ohren werden schön durchblutet, und du kannst dich anschließend besser konzentrieren.

Unsere Ohren werden, ähnlich wie unsere Füße, von uns viel zu wenig beachtet. Dabei enthalten sie zahlreiche Akupunkturpunkte, die wir für unser Wohlbefinden aktivieren können. Versuchen Sie es doch selbst einmal, bevor Sie es Ihrem Kind vormachen!

☞ Augen erfrischen
Setz dich aufrecht hin und reibe Deine Handflächen aneinander, so daß sie richtig warm werden.

Dann leg die warmen Hände auf deine geschlossenen Augen. Spür die Wärme, atme ganz ruhig und regelmäßig und halte deine Hände locker auf den Augen.

Nach etwa einer Minute kannst du die Hände wegnehmen und deine Augen langsam öffnen.

📖 Buchtip:
Ein Tip für Kinder ab etwa fünf Jahren. Vielleicht fangen Sie selbst ja zusammen mit Ihrem Kind an, sich die schönen Übungen anzueignen:
Elisabetta Furlan, Komm, wir spielen Yoga, Freiburg i. Br. 1991.

III. Teil:
Von Hausaufgaben-Muffeln und
unbehaglichen Gefühlen

13. Das Unbehagen der Schüler vor den täglichen Hausaufgaben

Frau Landes kann ihre Tochter nicht verstehen. Katharina geht in die vierte Klasse und hat in keinem Fach auch nur die geringsten Schwierigkeiten. Die Hausaufgaben bedeuten für sie lediglich Schreibarbeit. Da gibt es kein Herumtüfteln, keine Fragen, keine Irritation. Fast schon langweilig.

Mit Unbehagen erinnert sich die Mutter an ihre eigene Schulzeit, vor allem an die Mittelstufe. Nachmittag für Nachmittag saß sie vor einem Berg von Hausaufgaben und wußte oft gar nicht, worum es eigentlich ging. Kein Anfang und kein Ende. Eine tägliche Tortur. Warum, so fragt sie sich, kann Katharina es nicht genießen, so überaus einfach mit den Hausaufgaben fertig zu werden? Statt dessen hört sie nur Stöhnen und Schimpfen über die „blöden" Hausaufgaben und daß sie, Katharina, sich bald weigern werde, überhaupt noch in die Schule zu gehen. Langsam wird das der Mutter zu dumm.

Katharina ist unterfordert, sei es, weil sie sehr klug ist und den Stoff auf Anhieb versteht, sei es, weil das Niveau in der Klasse niedrig ist und die Lehrerin nur langsam vorankommt.

Obwohl es sicher schwerer zu ertragen ist, mit den Hausaufgaben stets *über*fordert zu sein, darf man eine ständige *Unter*forderung auch nicht zu leicht nehmen.

Beides, Überforderung und Unterforderung, kann dazu führen, daß die Kinder jegliche Leistung verweigern. Die einen aus dem Gefühl heraus: „Ich kann das ja doch nicht", die anderen, weil sie glauben, es nicht nötig zu haben, sich mit dem Schulstoff auseinanderzusetzen. Resignation hier, womöglich gefährliche Überschätzung der eigenen Fähigkeiten dort.

Ein Kind, das das Vertrauen in seine eigenen Fähigkeiten verloren hat, weil es ständig überfordert wurde, kann darunter ein ganzes Leben lang leiden. Wenn umgekehrt ein Kind viele Jahre lang in der Schule nie lernen mußte, einen Stoff zu erarbeiten, an einer Aufgabe verschiedene Lösungen zu probieren, eben weil es ohne Probleme zurechtkam, dann wird es das vermutlich auch dann nicht können, wenn ihm eines Tages diese Fähigkeit abverlangt wird.

Unter dem Schlagwort „Lernen lernen" ist in den letzten Jahren viel nachgedacht worden. Insbesondere Eltern, deren Kinder wenig Gelegenheit in der Schule finden, das Lernen zu lernen, sollten sich überlegen, ob ihr Kind sich nicht in anderen Situationen, bei Spiel und Sport in der Freizeit, dieses wichtige „Fach" aneignen kann. Was macht Ihr Kind gern? Womit könnte es seine Fähigkeiten und sein Selbstbewußtsein weiterentwickeln?

Am Ende der Stunde fragt unser Mathelehrer immer, ob wir noch Fragen haben. Normalerweise meldet sich dann niemand, erstens, weil die Pause beginnt, und zweitens, weil viele von uns überhaupt nichts kapiert haben. Man weiß dann gar nicht, was man fragen soll. Ich kann doch schließlich nicht fragen: „Können Sie bitte alles noch einmal langsam erklären, ich habe nämlich nichts mitbekommen?" – Zu Hause sitze ich dann ewig an den Aufgaben. Die meisten von uns haben Nachhilfeunterricht. Das Mathebuch ist auch schlecht. Da wird praktisch gar nichts erklärt. Manchmal kann ich mir zu Hause alles

klarmachen, aber es kommt auch oft vor, daß ich am nächsten Tag ohne Hausaufgaben in die Schule gehen muß. Wenn ich dann unserem Mathelehrer sage, daß ich die Aufgaben einfach nicht konnte, trägt er mir eine schlechte Note ein und sagt, daß ich ihn in der vorigen Stunde ja hätte fragen können. Wirklich toll!
Christoph, 8. Klasse

Ich hasse Hausaufgaben, weil sie mir alles kaputtmachen. Für nichts habe ich noch Zeit. Immer nur Hausaufgaben. Meine Mutter ist total genervt. Manchmal schimpft sie auf die Schule, manchmal mit mir, weil ich angeblich zu langsam bin.
Jessica, 6. Klasse

Bei den Hausaufgaben beeile ich mich immer. Ich fang gleich nach dem Mittagessen damit an, damit ich es bald hinter mir habe. Eigentlich finde ich nicht, daß wir zu viel aufbekommen. Manchmal ist es in Mathe zu viel. Dafür brauche ich immer am längsten. Es ist nicht so schwer, aber mir tut dann immer die Hand vom vielen Schreiben weh.
Sarah, 4. Klasse

Meistens mache ich keine Hausaufgaben. Es bringt einfach nichts. Die meisten Lehrer kontrollieren nicht, weil das zu viel Zeit vom Unterricht wegnimmt. Ich sehe nicht ein, warum ich dauernd so viel lernen soll. Kurze Zeit später habe ich dann doch alles wieder vergessen. In Bio zum Beispiel nehmen wir seit Wochen „Ernährung" durch. Daß ein Glas Cola nicht so gesund ist wie ein Glas frisch gepreßter Apfelsinensaft, weiß ich auch so. Warum aber muß ich unbedingt wissen, wieviel Milligramm Eiweiß, Kohlenhydrate, Natrium, Vitamine und wie das alles

heißt, sich in 100 Milliliter Orangensaft oder so befinden? Was habe ich von diesem Wissen? Wenn ich das heute zum Beispiel lerne, habe ich das bis zur Arbeit in vier Wochen längst wieder vergessen. Also warte ich gleich bis dahin. Kurz vor der Arbeit sehe ich mir dann alles gründlich an, aber spätestens drei Tage nach der Arbeit habe ich alles wieder vergessen. Darauf können Sie Gift nehmen.
Robert, 9. Klasse

Ich schreibe die Hausaufgaben meistens von meinem Freund ab.
Jürgen, 7. Klasse

Die sechste Klasse muß ich wiederholen. Meine Eltern sagen, das wäre nicht passiert, wenn ich immer die Hausaufgaben gemacht hätte.
Daniela, 6. Klasse

Ich habe gelesen, daß es in vielen Ländern keine Hausaufgaben gibt. Das finde ich auf jeden Fall besser. Schule ist Schule und zu Hause ist zu Hause. Die Berufstätigen müssen sich auch keine Unterlagen mit nach Hause nehmen. Lieber würde ich zwei Stunden länger in der Schule bleiben, wenn ich dafür zu Hause nichts mehr machen müßte. Ich könnte mich dann einfach nur auf zu Hause freuen.
Sven, 6. Klasse

Wenn ich nicht jeden Tag immer alle Hausaufgaben machen würde, hätte ich am nächsten Tag Schwierigkeiten, im Unterricht mitzukommen. Unsere Lehrer gehen unheimlich schnell voran. – Am schlimmsten ist es in Englisch. Dauernd gibt es schriftliche Lernkontrollen. Unsere Lehrerin sammelt dann immer von fünf Schülern die

Hefte ein. Von einigen nimmt sie dauernd das Heft mit, von anderen nur ganz selten. Sicher kann man nie sein. In Chemie ist es so, daß der Lehrer die ganze Stunde über ziemlich viel Schwätzchen und Spaß macht. Das ist zwar ganz lustig, am Ende gibt er uns aber aus dem Buch viele Seiten zu lernen auf, obwohl wir fast gar nichts besprochen haben. Das finde ich unmöglich. Lieber wäre es mir, wir würden im Unterricht alles ordentlich lernen, dann hätten wir wenigstens zu Hause unsere Ruhe.

Laura, 7. Klasse

14. Heiße Tips für hartnäckige Hausaufgaben-Verweigerer

Was können die Eltern tun?

Jetzt machen Sie sich schon diese ganze Mühe, zerbrechen sich den Kopf, stellen Energiespender in Form von Müsliriegeln bereit, sorgen für die richtige Hintergrundmusik, interessieren sich für diese schreckliche Rock-Band, damit Sie endlich wieder ein Gesprächsthema mit Ihrem Kind haben ... und dann macht Ihr Kind trotzdem die Hausaufgaben nicht.

Besonders Eltern pubertierender Jugendlicher können ein Lied davon singen. Wir müssen die Lage deshalb nicht näher beschreiben; Sie wissen, wovon die Rede ist.

☞ **Für Eltern haben wir in dieser Krisensituation nur einen kleinen Tip parat:**
Halten Sie sich zurück! Bewahren Sie Ihre Nerven, schonen Sie Ihre Energien. Vielleicht brauchen Sie sie bald, wenn Sie beim nächsten Elternsprechtag, im Gespräch mit dem Lehrer, manches zurechtbiegen müssen.

Alle weiteren Tips wenden sich direkt an die Hauptbetroffenen, die Schülerinnen und Schüler, die keinen Sinn darin sehen, ihre wertvolle Zeit mit so etwas Altmodischem wie Hausaufgaben zu verbringen.

Liebe Eltern, Sie sollten die folgenden Seiten Ihrem Nachwuchs zu lesen geben. Doch Vorsicht: Dieses Buch könnte auf dem Scheiterhaufen der Schulverweigerer enden! Vielleicht kopieren Sie die folgenden Tips lieber, damit Sie dieses Buch nicht aus der Hand geben müssen.

Ein kleiner Trost am Rande:
Hausaufgaben-Muffel sind oft besonders intelligente Schülerinnen und Schüler! Das mag unsinnig erscheinen, ist aber eine Tatsache. Wer sich immer wieder unterfordert fühlt und sich mangels Herausforderung in der Schule langweilt, der sieht auch keinen Sinn in „lästigen Leistungskontrollen".

Ernstgemeinte Tips für Hausaufgaben-Verweigerer

Ein guter Freund von uns behauptet gern: „Ich habe seit der zweiten Klasse nie mehr Hausaufgaben gemacht!" Daß das nicht ganz stimmen kann, zeigt sein errungenes Abiturzeugnis. Doch ein Quentchen Wahrheit liegt sicher in seiner Feststellung. Offensichtlich hat es hier jemand geschafft, mit möglichst geringem Zeit- und Energieaufwand größtmöglichen Erfolg, nämlich das Abitur, zu erringen. Genau das können wir dir als hartnäckigem Hausaufgaben-Muffel empfehlen.

Sicher, am einfachsten wäre es, du würdest einigermaßen regelmäßig mitarbeiten und einigermaßen ordentlich deine Aufgaben erledigen. Dann hättest du am wenigsten Probleme in der Schule. Wenn du aber, aus welchen persönlichen Gründen auch immer, keine Aufgaben machen willst, dann beachte wenigstens ein paar zentrale Tips. Sonst handelst du dir eines Tages wirklich dicken Ärger ein. Und den willst du ja gerade vermeiden.

☞ **Sei nicht so dumm und mach überhaupt nie Hausaufgaben!**

Das rächt sich auf jeden Fall. Selbst die verschlafensten Lehrer geben dir irgendwann genervt eine Fünf im Mündlichen. Dann ist bald die Versetzung gefährdet, und du mußt alles noch ein Jahr länger mitmachen. Damit hast du nichts gewonnen, sondern du verlierst an der Schule nur weitere Zeit.

Mach also immer ein paar Aufgaben, gezielt und geschickt! Statt deine Zeit an der Schule unnötig zu verlängern oder dir gar Chancen für die Zukunft zu verbauen (denn ohne Abitur kannst du eben nicht Meeresbiologie oder Theaterwissenschaften studieren, ohne Schulabschluß wird's auch nichts mit der Ausbildung zum Goldschmied), kannst du dir einen Plan zurechtlegen: **Wie kann ich möglichst wenig Energie möglichst effektiv einsetzen?**

☞ **Schau dir jeden einzelnen Lehrer, jede einzelne Lehrerin genau an!**

Je nach Lehrertyp ist unterschiedliches Verhalten gefragt.

■ Zum Beispiel der eifrige Kontrollierer: Es gibt tatsächlich Lehrerinnen und Lehrer, die arbeiten nach der Devise „Vertrauen ist gut, Kontrolle ist besser"! Wenn Frau Kontrolle die Aufgaben nicht nur öfters einsammelt, sondern auch noch benotet, bleibt dir nichts anderes übrig: Konzentriere deine ganzen Energien auf diese Spielverderberin. Riskiere keine zu großen Lücken in deinem Heft. Mach die Aufgaben. Etwas durchatmen kannst du, wenn Frau Kontrolle Klassenarbeiten durchsehen muß, eure eigenen oder die von anderen Klassen. Gewiefte Schüler kriegen schnell heraus, wann die heißen Klassenarbeitsphasen laufen. Dann ist die Wahrscheinlichkeit, daß auch noch eure Hefte kontrolliert werden, eher gering.

■ Zum Beispiel die Schlafmützen: Zum Glück gibt es auch diese. Sie hängen meist am Pult herum, sind zu träge, um einen frustrierenden Blick in Schülerhefte zu werfen, hören auch nicht so genau zu, wenn du aus wenigen aufs Blatt geworfenen Stichworten die Hausaufgaben zusammenphantasiert. Wenn du halbwegs fit bist und gut reden kannst, hast du bei diesen Lehrern gute Karten, fast ohne Arbeit durchzukommen. Stichworte zu den Hausaufgaben helfen für den Ernst-Fall, daß du mal mit Vorlesen drankommen solltest.

■ Zum Beispiel die Empfindlichen, die schnell alles persönlich nehmen: Bei ihnen mußt du unbedingt den Anschein erwecken, du hättest es versucht. Besser schlechte Notizen als gar keine Aufgaben vorweisen.

☞ **Für fast alle Lehrer gilt:**

Hausaufgaben dienen ihnen nicht bloß als Leistungskontrolle. Sie erfüllen noch eine ganz andere, nicht weniger wichtige Funktion! Wenn du das nicht beachtest, gerätst du in der Schule leicht ins Abseits. Deshalb mach dir unbedingt klar: Lehrer brauchen deine Hausaufgaben, damit sie das Gefühl kriegen, daß du sie respektierst.

Macht ein Schüler seine Aufgaben nicht, kann beim Lehrer leicht der Eindruck hängenbleiben: „Der/Die nimmt mich wohl nicht ernst!" Zeigt ein Schüler sogar ganz offen, daß er „keinen Bock auf die blöden Aufgaben" hat, dann kommt das einer Kriegserklärung gleich.

Fazit: Du mußt deine Hausaufgaben-Verweigerungs-Haltung unbedingt tarnen! Sonst hast du schnell einen – stärkeren – Feind.

☞ **Wenn ein Lehrer dich bereits unter besondere Beobachtung stellt:**

Falls dir alles egal ist, mach nur weiter so. Falls du aber nach der Strategie vorgesehen willst: „So wenig Energie wie nötig, so viel Erfolg wie möglich", dann beiß in den sauren Apfel und mach ihm die Aufgaben. Du kannst jetzt sogar doppelt punkten. Da der Lehrer ja nichts von dir erwartet, wird er gemachte Aufgaben und gut bestandene Vokabeltests doppelt gut finden! Es lohnt sich also. Überlege dir in der Zwischenzeit, an welchen anderen Stellen, bei welchen anderen Lehrern du Energie einsparen kannst.

☞ In einzelnen Fällen erfolgreich:
Eine gute Ausrede. Aus diesem ganz bestimmten Grund konntest du leider gestern deine Aufgaben nicht machen. Bitte beachten: wirklich nur in seltenen Fällen anwenden, sonst verpufft die Wirkung.

☞ Achtung:
Wenn der Lehrer die Aufgabenstellung besonders deutlich hervorhebt, gegen alle Gewohnheit an die Tafel schreibt, von einem Schüler wiederholen läßt. Dies können alles Anzeichen für eine bevorstehende Hausaufgabenkontrolle mit Notengebung sein. In dem Fall unbedingt die Aufgaben machen, notfalls mit Hilfe besserer Mitschüler, da die eine Note den gesamten Notendurchschnitt ganz schön kaputtmachen kann.

☞ Organisiere dir das richtige Hilfsmaterial.
Sorgfältig ausgefüllte Arbeitshefte, Workbooks, Arbeitsblätter und ähnliches Material von älteren – und guten – Schülern sind ideal, wenn ihr in eurer Klasse die gleichen Hefte verwendet. Vorsicht vor drohenden Tests: Dann solltest du die Aufgaben nicht einfach nur abschreiben, sondern zur Abwechslung etwas genauer ansehen.

☞ **Viele Lehrer stellen immer wieder die gleichen Aufgaben.**

Weil sie immer wieder den gleichen Stoff durchnehmen. Du könntest dir, als „Anregung" für deine eigenen Aufgaben, die Schulhefte älterer Schüler besorgen, die beim gleichen Lehrer Unterricht hatten.

☞ **Das alte Abschreiben:**

Findest du keine passenden Vorlagen von erfahrenen älteren Schülern, gibt es natürlich noch das bewährte Abschreiben bei Klassenkameraden. Hier mußt du unbedingt folgendes beachten:

■ Mathe bietet sich zum Abschreiben an, da in der Regel alle Schüler die gleichen Ergebnisse finden sollen. Achte darauf, daß deine Informationsquelle wirklich fehlerfrei arbeitet. Sonst „macht" ihr immer wieder dieselben Fehler, und das fällt irgendwann auf.

■ Schreib Mathe-, Bio- und andere Aufgaben nie genau so ab, wie du sie vorfindest. Verändere Details. Wo dein Informant unterstrichen hat, kreise ein. Wo die Vorlage farbig markiert ist, unterstreiche mit Bleistift und so weiter. Auch wichtig: Ordne deinen Text etwas anders an. Statt zum Beispiel Zeichnungen von oben nach unten auf einem Blatt zu verteilen und zu beschriften, lege dein Blatt zur Abwechslung quer und zeichne nebeneinander. Am Ende sollen deine Aufgaben nicht genauso aussehen wie die Aufgaben deines Informanten.

Dies gilt natürlich auch für Computerausdrucke. Wenn du dir von jemand anderem die Hausaufgaben am PC kopieren und ausdrucken läßt, achtet gemeinsam auf ein verändertes Schriftbild.

■ Geht ein Lehrer wider Erwarten durch die Reihen und bemerkt die seltsame Übereinstimmung eurer Aufgaben, dann gibt es nur die Flucht nach vorn: Du mußt behaupten, ihr hättet zusammengearbeitet. Du warst am Nachmittag bei Ralf, weil du dir die Aufgaben nicht zugetraut hast, und ihr habt zusammen die Aufgaben gelöst. Klar, daß Ralf mit so einer Notlüge einverstanden sein muß. Er darf also nicht gerade dein Feind sein. Auch klar, daß du nach solch einem Manöver eine Weile vorsichtig sein mußt. Wahrscheinlich stehst du jetzt erst mal unter Beobachtung und solltest – zähneknirschend – ein paar Mal deine Aufgaben machen und möglichst auch beim mißtrauischen Lehrer präsentieren. Denk dran: Durch diese vorübergehende Mühe hast du später wieder mehr Ruhe.

☞ **Ein – eher unwahrscheinlicher – Glücksfall:**
Das wäre es, wenn du dir Lehrerausgaben zu Schul- und Übungsbüchern besorgen könntest. In diesen Lehrerausgaben stehen nicht nur viele Aufgaben drin, die Lösungen werden gleich mitgeliefert. Dann brauchst du überhaupt nicht mehr selbst zu denken und kriegst trotzdem in Windeseile gute Hausaufgaben hin. Es gibt leider nur ein Problem: Die Ausgaben sind eben – für Lehrer. Man kann sie nur bestellen, wenn man einen Schulstempel hat. Probier es in der Schulbibliothek, vielleicht finden sich dort aus Versehen einige dieser kostbaren Exemplare. Hast du unter deinen Verwandten, Freunden oder Bekannten einen Lehrer, der es gut mit dir meint? Viel Glück bei der Suche!

☞ **Banal, aber sehr, sehr wichtig:**
Dein Heft sollte immer korrekt aussehen. Gerade wenn fast nichts drinsteht, muß die Verpackung stimmen. Lehrer sind – genau wie andere Menschen – Mitglieder unserer Konsumgesellschaft, die oftmals nicht hinter die Oberfläche schauen. Bist du dagegen schludrig, kann ein Lehrer das

leicht persönlich nehmen; er wird dann umso genauer hin-
schauen – ein Effekt, den du unbedingt vermeiden mußt.

☞ **Falls du doch mal Aufgaben machst:**
Hast Du zur Abwechslung einmal Lust, die Aufgaben zu
machen, vielleicht weil sie interessant wirken oder weil
du wirklich nichts Besseres zu tun hast, dann nimm ein
neues Heft. Sollten einmal die Hefte kontrolliert werden,
dann machen deine erledigten Aufgaben gleich am Anfang
einen guten Eindruck und überdecken – hoffentlich – die
Lücken auf den folgenden Seiten. Natürlich kann es sein,
daß du auf diese Weise einen ziemlichen Heftbedarf hast.
Für ausreichenden Vorrat zu Hause sorgen!

☞ **Es kann sich lohnen, Verordnungen zu lesen.**
Die meisten Bundesländer geben Verordnungen heraus, in
denen steht, wie lang Hausaufgaben maximal dauern dürfen und wann sie auf keinen Fall aufgegeben werden dürfen (zum Beispiel oftmals nicht von Samstag auf Montag).
Es kann sich lohnen, diese Verordnungen zu kennen, beispielsweise um mit Hilfe der Schülervertretung einen
hausaufgabenwütigen Lehrer auszubremsen. (Genauere
Hinweise dazu findest du in diesem Buch auf Seite 39.) Am
erfolgversprechendsten ist es, ihr gewinnt zusammen den
Klassenlehrer für euer Anliegen. Klassenlehrer sollten
dafür sorgen, daß ihre Klasse nicht mit Aufgaben überfordert wird. Ein solcher gemeinsamer Einsatz von Lehrern
und Schülern hebt das Gemeinsamkeitsgefühl ganz unge-
mein, und die meisten Lehrer lieben das.

☞ **Was tun bei Benotung?**
In einigen Bundesländern dürfen Hausaufgaben ausdrück-
lich nicht benotet werden. Auch das steht in den Verordnungen. Zwar finden Lehrer auch hier Umwege (sie beno-

ten zum Beispiel nicht die eigentlichen Hausaufgaben, sondern die anschließende „mündliche Mitarbeit"). Doch sinkt erstmal der Notenschnitt bedrohlich ab, könnte gar die Versetzung gefährdet werden, dann darfst du nicht länger warten. Bitte – auch wenn's schwerfällt – deine Eltern um Hilfe! Sie sollen sich an ihren Elternvertreter wenden, der sich zum einen die Verordnungen genau anschauen sollte und zum anderen mit dem betreffenden Lehrer sprechen kann, um ihn auf die übertriebene Notengebung aufmerksam zu machen.

Dies ist aber eine absolute Notfallmaßnahme! Im Alltag besser nicht anwenden; der Lehrer könnte sehr giftig reagieren und dich und andere „Wackelkandidaten" erst recht unter besondere Beobachtung stellen. Dann würde dir für eine ganze Weile nichts anderes helfen als ... Hausaufgabenmachen.

📖 Ein **Buchtip** (falls du deine Zurückhaltung gegenüber der Schule perfektionieren und trotzdem weiterkommen willst):

Katharina Block, Der Gymnasiasten-Retter. Strategien für Eltern und clevere Schüler, Frankfurt am Main 1993.

Kinder fördern und verstehen

Uta Brückner / Heike Friauf
Der Schritt in die weiterführende Schule
Die beste Wahl für mein Kind
Band 4623

Der kompetente Ratgeber für Eltern, die sich auch nach der Grundschulzeit hinter ihr Kind stellen, statt es der Schule nur mehr oder weniger auszuliefern.

Nancy Fuchs
Sonne für die Kinderseele
Spiritualität im Alltag
Band 5501

Mit Kindern wachsen! Der Alltag ist nicht nur Versorgen, Ermahnen, Anstrengung und Erschöpfung. Ein Buch mit vielen Anregungen für Eltern, denen es auch um die Seele ihrer Kinder geht.

Walter Pacher
Wenn Kinder ihre Macht erproben
Freiheit lassen und Grenzen setzen
Band 4793

Machtkämpfe in der Familie müssen nicht sein. Der erfahrene Gordon-Trainer zeigt, wie es ohne Niederlagen geht, wenn Kinder und Eltern unterschiedliche Vorstellungen, Wünsche und Bedürfnisse haben.

Dorothy Law Nolte/Rachel Harris
Heute schon dein Kind gelobt?
19 gute Regeln für Eltern
Band 4790

Kinder lernen, was sie erleben und erfahren. Mit positiven Signalen geben Eltern ihren Kindern Selbstvertrauen und klare Orientierung.

Maria Montessori
Kinder richtig motivieren
Band 4749

Wie Sie Kindern die richtigen Impulse geben, damit dann alles wie von selbst geht, das zeigen diese Texte der großen Pädagogin.

HERDER spektrum

Daniela Liebich
Mit Kindern richtig lernen
Band 4787

Spaß ist eine wesentliche Voraussetzung für erfolgreiches Lernen.
Erklären und Ermahnen der Eltern verstärken eher den Druck. Die
Autorin zeigt: Spielerisches Lernen löst Blockaden auf.

Ursula Henn
So kann mein Kind sich besser konzentrieren
Übungen und Hilfen für Schulkinder
Band 4785

Übungen, die Streß abbauen und zu innerer Ausgeglichenheit führen –
und damit Aufmerksamkeit und Konzentrationsfähigkeit steigern. Für
Kinder ab 5 und ihre Eltern.

Gisela Preuschoff
Was Mutter und Kind gut tut
Entspannen und verwöhnen
Band 4784

Einfach das Zusammensein genießen – mitten in der Alltagsroutine und
im Familientrubel. Mal nicht ‚erziehen", sondern es sich gemeinsam so
richtig gutgehen lassen_

Mark L. Brenner
Positiv erziehen
Konsequent bleiben, ohne autoritär zu sein
Band 4783

Wenn sie sich in ihrem Anliegen verstanden wissen und Alternativen
sehen, können Kinder durchaus damit klarkommen, daß sie etwas nicht
bekommen oder nicht dürfen. Brenner zeigt, wie das gelingt.

Maria Montessori
Kinder, Sonne, Mond und Sterne
Kosmische Erziehung
Band 4781

Mit Staunen nehmen Kinder die großen und die kleinen Dinge des
Kosmos wahr. Wie sie Verständnis für die Ganzheit der Welt entwickeln
können, zeigen die Texte der großen Pädagogin.

HERDER spektrum

Jenny Alexander
„Das ist gemein!" – Wenn Kinder Kinder mobben
So schützen und stärken Sie Ihr Kind
Band 4770
Die Autorin berücksichtigt die praktische und die seelische Seite des
Problems ‚bullying" und zeigt kreative und effektive Handlungs-
möglichkeiten auf.

Ursula Henn
Entspannte Kinder – fit für's Leben
Phantasiereisen, Geschichten und Übungen zum Ruhigwerden
Band 4750
Ein Buch auch für ungeübte Eltern und Kinder – mit Anleitungen für
ein neues, positives Lebensgefühl.

Trish Magee
Das Geheimnis glücklicher Eltern
52 Tips, um eine glückliche Familie zu sein
Band 4732
Wunderbare praktische Weisheiten für den Familienalltag – Trish Magee
macht Lust, das Positive zu entdecken.

Daniela Blickhan/Isolde Seidel
Mama, die Schule nervt mich!
Wie Eltern ihren Kindern und sich selbst mit NLP helfen
können
Band 4719
Die Autorinnen zeigen, wie es möglich ist, die vorhandenen Ressourcen
des Kindes zu entdecken und aktiv zu nutzen.

Gerlinde Unverzagt
Kinder, vertragt euch doch!
Warum Geschwister nicht nur friedlich sein können
Band 4712
Raushalten oder Einmischen – was ist richtig, wenn Geschwister sich
streiten? Die Autorin entwickelt praktikable Leitlinien für den Umgang
mit solchen Situationen.

HERDER spektrum

Maria Montessori
Wie Lernen Freude macht
Kreativ mit Montessori-Materialien umgehen
Band 4707
Ein Buch mit vielen praktischen Tips: Für alle, die Kindern die Freude
am Lernen spielerisch vermitteln wollen.

Christine Swientek
**Was Adoptivkinder wissen sollten und wie man es ihnen sagen
kann**
Erweiterte Neuausgabe
Band 4706
Christine Swientek gibt praktische Hinweise, wie Eltern ihre Kinder
aufklären und auf schwierige Fragen Antworten finden können.

Hans Janssen
Kinder brauchen Klarheit
Wie Eltern Regeln finden und Grenzen setzen
Band 4699
Alltägliche und immer wiederkehrende Konflikte so lösen, daß keiner
dabei zu kurz kommt. Ein hilfreiches Buch für ein harmonisches Fami-
lienleben.

Renate Feuerlein
Du kannst es
Erfolgreich lernen mit Kinesiologie
Band 4680
Übungen und Geschichten zur Konzentration, zur Beruhigung, aber
auch zur Aktivierung.

Janusz Korczak
Kinder achten und lieben
Hrsg. von Annelie Ölschläger
Band 4666
Was Kinder wirklich brauchen und wie Erwachsene gemeinsam mit
Kindern das Leben gestalten können. Ein Buch voll überraschender
Einsichten.

HERDER spektrum

Günter Harnisch
Wie Kinder innerlich zur Ruhe kommen
Phantasiereisen für Kinder mit ihren Eltern
Band 4660
Auf den 50 hier beschriebenen Phantasiereisen erleben Kinder Bilder und Vorgänge, die sie tief in der Seele berühren und ihnen helfen, ihren Platz im Leben zu finden.

Xenia Frenkel
Kindern Werte mitgeben
Worauf es ankommt und wie es gelingt
Band 4632
Emotionale und soziale Fähigkeiten sind ebenso wichtig wie Durchsetzungskraft und Selbstbewußtsein, um im Leben erfolgreich zu sein. Ein spannender, konkreter Elternratgeber.

Christina Buchner
Kluge Kinder fallen nicht vom Himmel
Was Eltern alles tun können
Band 4573
Was zu welchem Zeitpunkt wichtig und richtig ist, zeigt Christina Buchner an vielen praktischen Beispielen, Tips und Übungen.

Heidi Gidion
Und ich soll immer alles verstehen ...
Auf den Spuren von Müttern und Töchtern
Band 4214
Die vielen Nuancen der Mutter-Tochter-Beziehung, mit psychologischem Spürsinn erschlossen anhand von Texten großer Dichterinnen.

Michael Rohr
Freiheit lassen – Grenzen setzen
Wie Eltern Sicherheit gewinnen und ihren Kindern Halt geben
Band 4618
Der kompetente Kinderarzt ermutigt Eltern, mit den Kindern zusammen das sensible Gleichgewicht zwischen Freiheit und Begrenzung immer wieder neu zu finden.

HERDER spektrum

Gerda Wichtmann
Kinder brauchen Orientierung
Ein praktischer Ratgeber nach Maria Montessori
Band 4608
Kinder brauchen Freiräume, aber auch feste Regeln, um sich gut zu entwickeln.
Viele Beispiele aus dem Erziehungsalltag zeigen, wie dies gelingen kann.

Richard Woolfson
Kinder und ihre Körpersprache
Wie Eltern die Körpersignale von Babies und Kindern besser verstehen
Band 4604
Eine Anleitung für Eltern, auch mit den Augen zu hören: Ein Muß für alle, die Kinder besser verstehen wollen.

Daniela Blickhan
Nerv nicht so, Mama!
Wie Eltern sich und ihren Kindern mit NLP helfen können
Band 4535
Schwierige Kinder gibt es nicht! Es gibt jedoch schwierige Situationen. NLP hilft, die Kinder besser zu verstehen.

Xenia Frenkel
Was tut die Bananenschale unterm Bett?
Im Kinderchaos Nerven bewahren und Spielregeln finden
Band 4499
Kinder brauchen das kreative Chaos, aber auch klare Grenzen. Wie Eltern bestimmte Regeln schaffen können.

Eva Zoller
Die kleinen Philosophen
Vom Umgang mit „schwierigen" Kinderfragen
Band 4344
Typische Kinderfragen können einem häufig die Sprache verschlagen. Neue Möglichkeiten für die „Großen", ihren „Kleinen" zu begegnen.

HERDER spektrum